中国语言与符号学研究会主办

U1075975

语言与符号（第6辑）

Language & Sign

主　编　王铭玉
副主编　田海龙　王　军　王永祥

北京航空航天大学出版社
BEIHANG UNIVERSITY PRESS

图书在版编目（CIP）数据

语言与符号. 第6辑 / 王铭玉主编. -- 北京：北京航空航天大学出版社，2020. 12

ISBN 978-7-5124-3419-6

Ⅰ. ①语… Ⅱ. ①王… Ⅲ. ①符号学－研究 Ⅳ. ①H0

中国版本图书馆 CIP 数据核字（2020）第 238614 号

语言与符号. 第6辑

责任编辑：邓 彤
责任印制：秦 赟
出版发行：北京航空航天大学出版社
地　　址：北京市海淀区学院路37号（100191）
电　　话：010－82317023（编辑部）　010－82317024（发行部）
010－82316936（邮购部）
网　　址：http://www.buaapress.com.cn
读者信箱：bhxszx@163.com
印　　刷：北京建宏印刷有限公司
开　　本：787mm×1092mm 1/16
印　　张：10
字　　数：219千字
版　　次：2020年12月第1版
印　　次：2020年12月第1次印刷
定　　价：49.00元

如有印装质量问题，请与本社发行部联系调换
联系电话：010－82317024

《语言与符号》编委会及编辑部成员

目　录

名家叙事

我与符号学

赵毅衡

1 卞先生一番话

卞之琳老师木讷寡言，说话声音也很低沉，情绪不显于色，似乎永远陷于自己的沉思。但是他一说起来，几乎就停不住，而且经常是我闻所未闻的事。

记得有一天，在我跟他学莎士比亚研究大半年之后，他第一次向我提起了"符号学"这三个字，这是我第一次听说有这门学科。不过他迂回着说，先说1929年他考上北大，从南通坐船过长江坐火车，座位对面一个年轻人名字叫钱锺书，隔壁有一位是决心读法国文学的罗大冈：原来一路上好多是到北大、清华报到的学生。还有奇事："后来何其芳入学，中学毕业证有点麻烦，罗大冈用豆腐干给他刻了一个章。"

卞先生自嘲说，"我们那时候比你们现在年轻得多"。的确，我们1978年那一届研究生，"文革"十年耽搁下来，绝大部分早过了而立之年，都急着进入认真的学术工作，卞先生很理解我们的心情。他说就在他入学读本科的那一年，即1929—1930年，瑞恰慈（I. A. Richards）来到清华任教。这位出版了《意义之意义》和《文学批评原理》的大理论家，吸引了北京高校的许多学生去听课。"我也去了，没有听懂。我只是个Minor Poet。"卞先生难得地微笑了一下。他太谦虚了，我认为卞先生是后世最脍炙人口的中国20世纪的诗人，犹如唐代群星中的李商隐，有一种诗歌最本质的语言形式凝练之美。今天看来，果然如此。

然后卞先生在似乎漫无边际的回忆中切中了要害：1929年叶公超任清华英语系教授，同时又兼任北大英语系讲师，主持编《新月》最后四期，成为北京文人的结集点，也是卞先生作为"后期新月派"成名之时。叶是剑桥硕士，认识艾略特，1934年在北京创刊《学文》，第一期就请卞先生翻译艾略特的名著《传统与个人才能》。有瑞恰慈与艾略特的双重影响，且两年后毅然辞去日本教职到北京与恩师瑞恰慈会合的燕卜森，也加入西南联大的教授队伍，"新批评"这个20世纪形式意义理论在英美的第一个派别，在中国的影响开始成形。朱光潜、冯文炳（废名）、李健吾（刘西渭）、陈梦家、赵萝蕤等，都开始发表形式分析的论文：李安宅《意义学》（1934）、《美学》（1934）；曹葆华《科学与诗》《诗的四种意义》（1937）；吴世昌论文《诗与语音》《新诗与旧诗》（1934）；朱自清《诗多义举例》（1935）、《语文学常谈》（1936）；刘西渭（李健吾）《咀华集》（1936）；朱光潜"谈晦涩"（1936）。李健吾与卞之琳讨论几首诗的意义，成为中国细读批评的最早典范。

"你就从我们30年代中断的事业做起！"卞先生说。"我看你发表的几篇莎学论文，太注意理论，恐怕你就适合做理论：从新批评做起，一个个学派，一直做到结构主义，做到符号学。”原来卞先生的唠家常回忆过去，长途迂回后峰回路转，斩钉截铁地奔着这个目的而来！

我看窗外，阳光已经西斜。这天从下午一直谈到晚上，意犹未尽。师母留我吃晚饭，我知道不合适，但是忍不住想多听一些，就留了下来。但是卞先生又回到他不善言谈的木讷状态，师母用上海话笑话他“木知木觉”。其实他和我都陷入沉思：这个下午成为我一生事业的起点，此后四十年，念兹在兹，不敢忘记师训。而且不久我就明白，被“文革”耽误到三十多岁才能看书，不集中精力绝对一事无成。有贵人指拨，有大师相助，这的确就是最适合我的学术道路。

70 年代末，卞之琳先生把恢复这个学术传统的任务交给我，我明白这是一个重托，不仅来自卞之琳先生，也来自当时还健在的杨周翰、王佐良、周珏良、李赋宁等一代导师辈人物。亏得北京各图书馆存了不少三四十年代的著作，不出借，我每天坐公交去读，兴奋得忘乎所以。那时候完全靠手写，记卡片，每天记了一大摞，饥肠辘辘回到宿舍，觉得很幸福。

此后整个 80 年代，硕士论文攻新批评，博士论文攻叙述学，博士后写作《文学符号学》，就一直守在形式论方向。一以贯之，始终不渝，从形式分析出发做文学—文化分析。虽然意志不坚定，有几次偏到这条主线之外，但是不久又回到意义形式论。人的一辈子很短，精力有限，本人何其幸运，有导师明指明值得做的事业，一辈子享用不尽。今日回顾，不管做的学问是否宏大，比起其他深奥高明的学问，是否太浅平，我自己一生无悔。中国有的是做大学问能发宏论的大学者，但是学界之大，可以容得下我这个 minor scholar。

有许多学者适合大开大合，挥斥方遒，值得我高山仰止。我只适合做细致顶真的形式分析，俗称钻牛角尖。我想起卞先生在“文革”后出的第一本文集《雕虫纪历》，这标题也预言了我的航路轨迹，哪怕局部性小问题（例如叙述中的“引语”这样的小问题），哪怕完全可以大而化之的问题（例如“反讽”的分类），也必须论证仔细，经得起聪明的学生再三追问。形式研究最怕的就是不顶真：如果细节雕琢随意，如果部件缺少孜孜以求的精致，如果零部件可以做得马虎，那么形式论本身就不值得做。

2 读书的幸福

说到我的学术生涯，1978 年不让读书，无书可读，就此而言，“文革”误国不浅。现在一谈“文革”，很容易变成个人受苦的倾诉，这样就狭隘了。“文革”及其前奏大抓阶级斗争，耽误中国学术和教育二十年，其危害之大至今难以估计。我们这一代没有受到像样的教育，“文革”之前，大学带“长”的人，看到学生在读书，就怕得肝儿颤：怕他们会“犯白专错误”。所以最好的办法就是不给学生时间读书。我读大学的整个过程就是不断下乡种田。“文革”开始后干脆停止读书，到农场劳动。知识分子成为整肃对象，“越有学问越反动”，中国现代化的进程耽误了二十多年，到70年代末才重新开始。

因此，一旦可以捧起书本，我就急于寻找自己的理论方向。那天卞先生向我推荐了一本书。这本书很奇怪，是1963年出版的文集：1962年，由卞之琳牵头组织编选了《现代美英资产阶级文艺理论文选》，“供批判之用”。第一篇就是卞之琳译的艾略特《传统与个人才能》。这篇文章，与什克洛夫斯基的《艺术即技巧》，并称20世纪形式论的开山名篇，译者都是30年代以来的名家，以批判之名，集合名篇。这本书真是及时雨，成为我从事研究的起步材料。我在1979至1980两年间，把北京各图书馆中能找到的英文形式文论书籍全部读了。

1979年出版了钱锺书六七十年代的笔记合集《管锥编》，我立即进城去买来，整整捧读了一个月无法释手。为其中个别问题我斗胆写信求教，得到钱先生回信，详为回复，并约去会见。钱先生常被人说对同辈学人态度倨傲，臧否人物用词刻薄，却对“年轻人”特别慈祥。我发现《管锥编》多次引用皮尔斯和瑞恰慈，钱先生是在20世纪六七十年代唯一弄清符号学的中国知识分子。

我得出一种全新的理解：文学和文化，是形式的构成物。因此文学理论不是为作品内容做评判，而是探究意义在什么条件下生成，在什么条件下被诠释。我把自己的这个理论立场和具体实践，命名为“意义形式论”或“形式—文化学批评”。从事文化研究的学者很多，我是从形式论讨论文化：文学—艺术—文化研究的核心问题不完全是内容，形式不仅是一般认为的装饰意义、工具意义，而具有本质性意义。说是“唯一”本质，或“本体存在”方式，未免夸大。形式论不是唯一正确或主流的文化研究途径，却可以说这是不可或缺的一种途径。或者说，这是每个文学/文化学者必须有的基本训练。学界大部分人当然应当做内容研究，而坚持形式研究，至少有补缺之效。文科的许多科目，被人说成似乎“无学问可言”，我们恐怕忘记了：理论本身就是形式性的，只有形式规律才能总结万千种类体裁的共同点。

儒家思想影响下的中国文论界，一直有过于重视内容的倾向。我喜欢从形式出发，这是个人的思想方式。我并不要求其他学者同意我这种立场，甚至我不要求我的学生一定要献身于形式分析。我要求的只是允许形式论作为“方法之一”存在。我呼吁这种容忍，已有45年，现在依然在呼吁，因为至今钻研形式理论的人在中国学界是极少数。

3 继续读书的岁月

20世纪80年代初我到伯克利加州大学做富布赖特研究学者，然后索性读博士。80年代末到英国伦敦大学任教。借国外书多的方便，《文学符号学》《新批评文集》《符号学文集》《当说者被说的时候：比较叙述学导论》、*The Uneasy Narrator*、*Toward a Mod-*

ern Zen Theatre 都是这个阶段的产物。

但是脱离中国语境，没有同行的鼓励和压力，容易走岔路。我的学术生涯中被三本书抢去了很多时间，一本就是《远游的诗神：中国古典诗歌对美国现代诗的影响》。当时我对影响研究的实证工作很感兴趣，花了整整一年的时间周游美国各大学的图书馆，看当时诗人留下的书信文稿；另一本是编译二卷本《美国现代诗选》花了大半年；第三本是文化研究《礼教下延之后》，花了我一年时间。一个人兴趣太广不是好事，我缺乏拒绝走弯路的毅力，怪不得别人。

我的硕士毕业论文讨论新批评，1986 年由中国社会科学出版社出版后，于 1988 年再版。前几年此书再次修订，以《重访新批评》为书名，由百花文艺出版社于 2009 年出版。其辅助材料，我编选的《“新批评”文集》也由中国社科出版社于 1988 年出版，2001 年再版。此书将新批评置于从唯美主义到结构主义的整个西方形式主义发展潮流中，以期看清新批评理论过渡作用。然而如果我们仅根据形式主义本身的演变说明新批评的兴衰，那就是被形式主义的形式所欺蒙了：形式论潮流永远是社会历史的产物。

此后新批评忽然在中国学界大行其道。我当年研究新批评派时，新批评在欧美已经盛极而衰，被视为过时的理论，它何以可能在中国起死回生？这个派别不可能复活，但是它的某些遗产可能适合某个时代的需要。新批评派关于文本中心的批评法，它的一套基本术语和批评方法，已被广为接受和习用。20 世纪 80 年代中期后，它在相当程度上改变了我们旧有的文学模式。

各个国家在文化发展的具体时期，理论界需要不同。在内容的批评过于长久统治之后，“忽然”出现一个走向形式分析的小潮流。在当时中国，回到形式，被认为是一种激进姿态，“新鲜事物”。在中国 80 年代特殊的语境之下，甚至在今天的语境下，中国一直缺少认真做形式分析的传统。现在批评界注重形势分析的越来越多了，但毕竟还不是主流方法。因此，新批评在中国不仅“起死回生”，它的命还很长，从 80 年代初，到现在已经过了 40 年了，很多人还感到新鲜有用，针对中国理论界至少有个补缺作用。

新批评的一些基本概念如反讽、悖论、张力、复义等，到现在还非常有意义，但中国学生不一定很了解，甚至很多批评家还不一定理解。现在，这些概念都可以从符号学角度来加深理解。厦门城市大学的陈仲义几年前写了一本《现代诗：语言张力论》。最近我还在读两本青年符号学者的理论新书稿：《论反讽》《论张力》。叙述学在 20 世纪 60 年代正式形成时，新批评关于小说叙述的若干研究，例如沃伦与布鲁克斯的《理解小说》，成为叙述学重要的“学科前历史”；而韦勒克高度总结性的《文学原理》，则成为符号学运动的重要一部分。

4 符号叙述学

我把形式文论分成这么几个大的部分：符号学，属于这里最抽象的层次；叙述是包含情节的符号文本，因此叙述学是符号学运用于叙述，正如语言学是符号学运用于语言。但是语言学学科之独立庞大历史久远，远远超过叙述学和符号学，因此很难说语言学是符号学的运用。叙述学本身也太庞大，所以现在单独成为一个学科，符号学与叙述学现在就并列了。其他应当属于形式论范畴的，包括风格学、修辞学，他们都是由符号学总其成的形式论的一部分。

《当说者被说的时候：比较叙述学导论》并非我的博士论文，而是我在 80 年代准备论文时做的读书心得笔记。博士论文还没有动手，此书稍加整理却成形了，时间是 1985 年的夏天。14 年后的 1998 年，这本书由中国人民大学出版社出版。

此书未能在 80 年代出版的原因我前面已经谈过了，梳理学科在西方不需要我来做。在中国叙述学还没开场的时候，还是很有必要的。论文 *The Uneasy Narrator* 论辩集中于中国小说与历史的复杂文化关系。

此书题目当时引起纠纷，人大出版社的编者在全社大会上被社长批评：“有的书题目太怪，不通之甚！”非常感谢这位编者允许我在题目上出格一些。这题目牵涉到我在书中提出的“叙述学第一公理”：“不仅叙述文本，是被叙述者叙述出来的，叙述者自己，也是被叙述出来的——不是常识认为的作者创造叙述者，而是叙述者讲述自身。在叙述中，说者先要被说，然后才能说。”这也是书名的由来。

我的确喜欢取个有趣的题目，幽默不仅仅是修辞，也是一种思想态度，是尊重读者。这标题无非是说，叙述者不仅在文本之上，而且在文本之内：文本是叙述者创造的，叙述者也是文本创造的：叙述者是被叙述出来的，被自己叙述出来的。小说不同于新闻和历史，小说是虚构，是谎言。作者撒谎，就必须委托一个人格“说实话”，这个人格就是叙述者。这个 80 年代提出的命题，至今是我在叙述学讨论中的焦点：叙述者可以叙述一切，就是无法叙述自己的叙述，因为叙述本身是这个符号集合的起端，分层的起点。所有各种烧脑的跨层与回旋跨层（所谓“怪圈叙述”），就是为了从跳出层次，用非逻辑的方式回旋到叙述行为。

5 拥抱符号学

我正式走进符号学大门，是在 80 年代末。1990 年出版的《文学符号学》，论述浅薄，今日不忍卒读，我也不让任何出版社重版重印。我在 80 年代编选的《符号学文学论文集》，应当说是一本好书，很值得初学者参考，可惜 90 年代初被出版社退回，原因我只能瞎猜，没有证据的话就不说了。直到 2004 年，几乎 15 年后，才在百花文艺出版社出版。

1926年，赵元任独立于索绪尔，也独立于皮尔斯，提出《符号学大纲》。赵元任应该说是世界符号学运动的开创者之一。问题是没有接下去做，符号学在中国成了一个断线风筝。《管锥编》中留下了大量关于符号学的思想，但钱钟书治学有意片段零散。因此，中国符号学运动需要一个开场。

80年代，有好些中国学者转向符号学，写出了不少著作。1988年，李幼蒸、我、张智庭等，在北京召开了“京津地区符号学座谈会”。我在会上做了一个关于欧美符号学发展情况的报告，但没有中国的内容。此会之后，我就去了英国，张智庭去了法国，李幼蒸到了德国。符号学作为一个有组织的运动，还靠1994年胡壮麟、丁尔苏、王铭玉、张杰等人成立中国比较文学学会的“语言符号学分会”。四川大学在2004年由龚鹏程为首，召开了“符号学座谈会”，但是没有开出专业，也就无法传承。幸亏，这二十年很多学校设置了符号学专业，符号学终于在中国蔚为潮流。

在国外任教期间，我负责比较文学MA课，就是一年毕业的那种强训练课。所有的文学理论重要学派都要讲，因此我的“专门方向”符号学与叙述学，就只能各讲两个单元。若干年对各种理论的教学积累，就产生了2006年回国后我与傅其林和张意合编的第一本书——英汉对照的《现代批评理论》那本厚书。可以想象教课时不得不对各种理论泛而谈之的痛苦，这至少是我回到中国任教的部分原因：中国主要大学都是教师众多，允许我把精力只贡献给我喜爱的科目。

精力集中，这是任何事业的保证，是做出哪怕些微成绩的前提。要开课，就要仔细备课。我鼓励学生与我辩驳，遇到喜欢思考的学生，就兴奋异常。每一年我让学生做四次开卷测验，鼓励他们与我商榷。在学生经常的挑战之下，我就不得不把自己的想法整理得更加严丝合缝，一旦有所散乱，学生就会找到缝隙。同时，这种方法，也让我找到学生中的好苗子，强迫他们把自己的观点写成文。所以“与赵毅衡老师商榷”成了他们许多发表文章的副标题，这也算是我的教学的一个特色吧。

几年教下来，系统的讲解就自然形成。这就是我在近十年写作的“意义三书”：2011年的《符号学原理与推演》，2013年的《广义叙述学》，2017年的《哲学符号学》，以及正在写的《艺术符号学》。实际上他们都是课堂教学的衍生物。有读者评论说我的这几本书，理论虽然一步不让，但是例子量很大。理论上追求辨源析流、厘清分歧、另辟疆土，又在实例上勾连中国当下文化现实。一切理论推演，都建筑在年轻人熟悉的作品或文化现象上，至少，读者感到亲切，是个优点。

6 前景

像我这样的年龄，随时都面临学业中断的可能：不一定是人生终结，有各种可能让我做不下去。所以我有一种紧迫感，要在有生之年推进形式意义理论活的体系：符号学、叙述学、艺术学以及意义理论。我在钻研任何课题时，心里都有点紧张，怕有生之年来不及写下心里已经想好的意思。尤其是各种各样杂事太多的时候，我对浪费的时间非常心疼。

大致说来，从70年代末到80年代中后期，细读西方现代形式文论，初步形成自己的“形式—文化学批评”；从80年代后期到90年代，将自己的“形式—文化论”放诸中国文学史和文化史的实践；进入21世纪，则以符号学为重心，不仅思索中国的文学文化问题，更思考整个人类文化不得不面对的符号危机。近年来我则集中于思考“意义世界”问题。

实际上意义理论这个概念是康德最早提出的，但康德没有发展它，而其他的形式的表述方式却出现了。比如维特根斯坦说的事实世界，胡塞尔说的生活世界，皮尔斯说的符号世界，卡西尔说的symbol世界，于克斯库尔说周围世界，海德格尔说存在世界。实际上都是意义世界的问题，从不同的角度来强调而已。

我们生活的世界就是意义世界，这个意义世界包括物与事件，包括文本，也包括意识（我心与他人之心）。如果世界的某一部分对于我们来说没有意义，就是因为我们不知道、不了解甚至不知道它存在与否。意义世界理论就是世界如何对我们产生意义，我们怎么用意义的办法来看待人与整个世界的关系。在叙述学和符号学之后，我想弄清楚的就是意义理论。

中国人喜欢赶潮流，千军万马去挤独木桥，于是大家都堵在路口，不得门径而入。回顾一下40多年的研究，每一次选择都似乎与大潮流背道而驰，要独辟蹊径，才有一番作为。比如，前面我们提到，当国内热衷于内容批判形式时，我选择了形式；当国内的学者们主要关注索绪尔传统，我却关注皮尔斯传统，研究文化符号学；当全世界都只关注门类叙述学时，我却着意探寻一门广义叙述学。

有一次经历对我刺激很大。80年代末我正在北京，我非常尊敬的学者董乃斌正在编辑一套文学理论丛书，邀请我把当时正在写作的书加进来。他对我说话比较坦白直率，说他们研究中国文学的人都是自己找题目，我们做外国文学的，外国人说什么我们就说什么，就是“二道贩子”。他这个话给我一个很大的刺激。我当时想，难道我们贩卖一些外国人所说的话就行了吗？我们抄十多本外国书就能做成自己的学问？我那本《文学符号学》的确大量的东西是在介绍国外的思想，所以我至今不让重印。

中国学者，至少有自尊心的学者，不应当只做二道贩子。不过我认为，也不能只在古书堆里找材料，重复讲解古人的话。从那时以后，我就认定：中国的学者应当走自己的路，在国际上也要走自己的路，在时代中也要走自己的路。国外理论要读，不然怎么知道何者为新？但是不能满足介绍，不然就不是中国人的研究。所以我从来不承认我的工作领域是“西学”，我觉得优秀的学者也不应该自称“国学”，这种把学科划成小格子的做法，对中国学术束缚太大！我们对某个领域理论比较熟悉，但是一个真正的学者，尤其是正在起步的年轻学者，不应当画地为牢。

中国学者有中国学者的优势，很多外国人很容易搞错的事情，中国人反而不容易搞错。比如符号学当中最简单的 Symbol 一词，即有“符号”又有“象征”的意思。外国人，哪怕是西方一流的学者都经常混淆。卡西尔（Ernst Cassirer）的三卷巨著讨论“符号/象征形式哲学”，两个意义混用，就至今无法译成中文。中国的符号与象征本来就泾渭分明，所以中国人容易弄清，不必像西方人觉得混用才自然。

西方人在叙述学上也有个很大的困难，自亚里士多德以来学界一直认为叙述必须是过去式。亚里士多德认为悲剧不是叙述，因为舞台上演的不是过去时。这个枷锁一直捆绑着西方叙述学界，一直认为讲故事必须是过去时。这样就引起了一个基本的问题：如果戏剧不是叙述，那么电影、电视都不是。这一条不纠正的话，我们的叙述学将永远在小说这一模式中打转。

原先普林斯（Gerald Prince）在他的 90 年代多次重版的《叙述学词典》中明确将戏剧开除出叙述，但 2003 年新版的《叙述学词典》（乔国强译）就肯定叙述不一定是“回溯”（recounting），只需要“传达”（communicating）有情节的文本。7 年前我在上海开会时遇到普林斯老先生，我对他说：就连你们的后经典的叙述学家们都没有把戏剧归入叙述学，你做了此事。你虽然年龄比他们大，但你比他们更开放。他听了异常高兴，说我看穿了这个事。我在想为什么叫只有我看穿了呢？西方后经典叙述学家还是不愿意离开过去时。他们不愿意挑战亚里士多德，我愿意，为什么呢？因为我是中国人，中国语言中没有过去时，那我何必拘泥于这一条呢？

人生有没有完成任务，要等手里的事做完才算数。如果后面有非完成不可的书，那么人生依然不可能停止。近年出现一种形式怪异的小说，叫“自小说”，第三人称，主人公的名字就是作者自己的名字。有时我觉得自己一生在写一本“自小说”，写了 45 章，后面还有几章可能更精彩。小说主人公名字叫赵毅衡，他自以为是作者，其实只是个叙述中的人物，而且是把手中的小事当大事做的小人物。

作者简介

赵毅衡，著名符号学家，四川大学文学与新闻学院教授，符号学专业博士生导师，四川大学“符号学—传媒学”研究所所长。

理论研究

陈述活动——叙述符号学的核心概念

张智庭

摘　要："陈述活动"（énonciation）概念，是当前法语语言学和叙述符号学（sémiotiquee）研究中的"核心"概念。对于这一概念和其相关内容的探索，也是法语语言学和叙述符号学当前做出巨大努力与付出之所在。而且多数学者据此认为，对于这一概念的深入细致的研究，让人们看到了建立"普通符号学"的曙光。本文通借助于多位学者的相关论述，扼要地介绍了"陈述活动"这一概念在法语语言学和符号学发展中的历史形成过程、在"叙述符号学"的建立与沿革中所起的推动作用，以及其在近年来的研究状况，希望能对我国的符号学研究起到有益的参考作用。

关键词：陈述活动　陈述语段　叙述符号学　主体性　叫位

动名词陈述活动（法文：énonciation）是相对于普通名词陈述或陈述语段（法文：énoncé）来说的。一般认为，前者是产生后者的过程，后者是前者的结果。两个术语在英语中的对应术语分别是：enunciation 和 utterance。我查阅了翻译成汉语的《现代语言学词典》（［美］戴维·克里斯特尔编，沈家煊译，商务印书馆，2000），其中没有出现 enunciation 及其译名，而对于 utterance 的译名采用的是"话段"；我还翻阅了陈慰主编的《英汉语言学词汇》（商务印书馆，2000），该书对于第一个术语的注释是"发音，念字"，对于第二个术语的注释是"发音，表达，话语"。由此我们看出，对于语言学和符号学的概念确定与术语使用，法语国家（法国、比利时部分地区、瑞士部分地区、卢森堡）学界与英美国家学界有着一定程度的不同和在术语释义上存在着不小差异。而本文所谈，仅限于法语语言符号学在这些国家和地区对于陈述活动这一概念的研究现状。

自瑞士语言学家索绪尔的《普通语言学教程》（*Cours de linguistique générale*）由其学生整理于1916年出版以来，学者们集中关注的是结构论的"语言、系统、结构"，而随着对于主体和主体性的引入和开拓性研究，语言学逐步关注到了个体使用的"言语、话语"。而话语领域的最为重要的研究活动，莫过于对于陈述活动的探索。一般认为，是法国语言学家本维尼斯特（Benveniste É.，1902—1976）最早将陈述活动这一概念正式引入法语语言学和符号学研究之中的。本维尼斯特有关陈述活动的论述，成了当时法语语言符号学突破结构主义和结构符号学（sémiologie）束缚的重要理论工具之一。但是早在他之前，已经有法语语言学家对于与这一概念相关的内容有所论及，只是没有显示其特别的重要性。因此，在介绍陈述活动这一概念的现时研究状况之前，我们有必要对其最初的出现和探索做一点历史回顾，并且我们也会对于不同学者在不同历史阶段对这一概念的不同确定做一些简单梳理。

1 早期探索

我们还是要首先回到索绪尔的相关论述，他虽然没有明确地提出过这一概念，但已经为这一概念的酝酿和产生做出了很好的铺垫。在此，我们特别提到他有关“历时性”的论述。他说：“历时语言学研究的已不是语言状态中的各项共存要素间的关系，而是在时间上彼此替代的各项相连续的要素间的关系。……语言的任何部分都会发生变化。”（索绪尔，1982：194）此外，索绪尔在这一部著述中，也提到了“说话的人”（sujet parlant），采用现在的译名便是“说话主体”。可见，“主体”概念也已经被索绪尔早就提出来了，只是未能得到进一步的阐释。由于索绪尔当时把精力集中在对于作为共时性存在之“形式”的语言即“共时语言学”的研究，而非这些形式的变化即“历时语言学”，所以，他只是提到了随着时间的变化而出现的“语音”和“词的意义”以及“说话人”的变化可能性，即他所概括地说明的“过程”（procès）。但是，这种动态的概念，已经预示着语言学以后可以在当时被视为是“言语”的各个方面做出多种努力。此外，人们在后来发现的于2002年才出版的他的《普通语言学札记》（*Écrits de la linguistique générale*）一书中，也看到了这样的论述：“如果我选择进入对于言语活动的研究之中，最大的简化做法便在于假设言语活动就是一种接续。……语言学对象并非一开始就存在，它也不是在其自身被确定。自谈论一种对象起，命名一种对象，这便仅仅是提及一种被确定的观点A。”（F. d. Saussure，2002：23）。这就清楚地告诉我们，言语活动只能在其接续之中得到研究，而且对于处在接续中的各个部分的研究，实际上就是投入某种观点。这样一来，对于言语活动的研究，应该就是将“历时性”与“共时性”结合起来，这种观点自然可以扩展到符号学研究的方方面面。

我们对于瑞士语言学家巴利（Charles Bally，1865—1974）的了解，也许多数人仅限于知道他曾与薛施霭（Albert Sechehaye，1870—1947）一起整理并与他人合作出版了索绪尔的授课讲稿《普通语言学教程》。其实，他在后来的研究里，对于风格学（stylistique）做出了突出贡献，同时也对于与风格学相关的主体性的阐发付出了极大的努力。他早在1932年出版、1965年再版的《普通语言学与法语语言学》（*Linguistique générale et linguistique française*）一书中就告诉我们，说话（dictum）与模态方式（modus）是相互补充的，前者是信息内容的话语“再现”，也就是信息对应的话语表达；后者是主体对话语的表态，表现了“正在思考中的主体的积极参与”。在“我认为这个被告是无辜的”这句话中，思考中的主体（我）用话语再现了信息内容（“这个被告是无辜的”），并对表达的内容有一种思考行为方式（“认为”）。可以说，是他最早突破了结构论语言学忽视主体性研究的藩篱，而主体性又是陈述活动研究的起点和重要内容之一。

2 本维尼斯特研究工作

本维尼斯特对于陈述活动的论述，见于1969年他发表在国际符号学学会会刊《符号学》（*Semiotica*）上的“关于语言的符号学”（« Sémiologie de la langue »）一文，后收入他的《普通语言学问题》第二卷（*Problèmes de linguistique générale*, 2, Paris, Gallimard, 1974）。对于这一篇文章的标题，我们要说明两点：一是“符号学”一词使用的还是“sémiologie”，这说明“sémiologie”与“sémiotique”两个名称当时还处于混用的时期（我们现在将前者译为“结构符号学”，将后者译为“叙述符号学”）；二是“语言”一词已经不是索绪尔赋予它的内在“形式”意义，而就是指“自然语言”。在这篇文章中，他是在论述语言具有多种符号学特征的时候，提出了陈述活动一词。他说：“语言既在其形式结构中、也在其运行中，为我们提供了唯一的一种系统模式，那便是符号学：语言借助于陈述活动而得到显示，因为陈述活动参照的是一种已知情境；说话，就是谈论。”（Benveniste É.，2：62）他接着又说：“语言在社会内部运行，因为社会包含着语言。因此，这便决定了社会是整体，而语言则是其部分。”（Benveniste É.，1974，2：62）他继而谈到了语义学与符号学之间的区别：“语义学必然承担起全部的参照，而符号学（sémiotique）从原则上讲则脱离和独立于任何参照。”（Benveniste É.，2：64）这就明确地告诉我们，对于陈述活动的探讨属于一种形式研究即元语言，属于符号学。他1970年3月发表在《言语活动》（*Langage*）杂志第17号（Paris，Didier-Larouuse，pp. 12－18）上的“陈述活动的形式机制”（*« L'appareil formel de l'énonciation »*）一文，则是对于陈述活动专门的和全面的论述，也收入他的《普通语言学问题》第二卷中。该文伊始就说：“我们所有的语言学描述，都通常会为‘对于形式的使用’安排重要的位置。……这些使用规则连接着提前明确的构成规则，以便建立起符号的词法变化与各种组合规则范围之间的某种关联性。……在我们看来，对于这些形式的使用，并不等同于对于语言的使用条件。”（Benveniste É.，2：79）他紧接着说：“陈述活动便是通过个体的使用来产生语言的运用。……应该对于陈述活动的特定条件予以注意：我们的对象是产生一个陈述语段的行为本身，而不是产生由作为我们对象的陈述语段所构成的文本。陈述活动是对话者为自己而组织语言的事实。对话者与语言之间的关系决定着陈述活动的语言学特征。”（Beveniste É.，2：80）显然，陈述活动涉及对话主体的各个方面，亦即其主体性（subjectivité）的各个方面。为此，本维尼斯特列出了三个主要的研究方面：一是最为直接可感的，是语言的语音实现，因为所有发出的和被感知的语音都是源于个体；二是由于陈述活动需要个体将语言转化为话语，所以，语言获得语义的过程是陈述活动的主要方面，并且这种语义过程将导致产生有关符号的理论和对于意指活动①的分析；三是在陈述活动的实现形式范围内来确定陈述活动，为此，就需要在语言内部依据陈述活动所展示的个体表现来大体上勾勒出其各种特征。随后，本维尼斯特的文章在陈述活动的行为本身、这种行为实现过程中的情境和这种行为完成的工具三个方面，展示了陈述活动的各种特征。可以看出，本维尼斯特的陈述活动这一概念建立了以“主体性”为出发点与核心的陈述活动模式，带动了对于符号学研究的各个方面。其中他围绕着“主体性”提出的“指示词”（déictique）“我”（ego）、“在此”（hic）和“立刻”（nunc）概念在后来的研究中得到了极大的扩展。法国利摩日大学的博尔德龙（Bordron J. -F.）在其《品尝经验中的感知与陈述活动》（« Perception et énonciation dans l'expérience gustative »）一文中，对于本维尼斯特有关陈述活动的论述做了这样的概括：“如果有人参照有关陈述活动的现有传统定义的话，那么，我们就可以依据本维尼斯特的理论，说其是由‘一种个体的使用行为而对于语言的运用’。这种运用传统上包含着三个方面：1. 语言的发音实现，这种实现包括一种发送和一种接收，按照本维尼斯特的理论，它一直就是一种个体行为；2. 把语言转换成话语的生产机制。这种操作的中心存在于语言的语义化过程之中，而本维尼斯特则把对于语义化过程的研究交给了索绪尔的结构符号学。我们似乎经常说，对于语言来讲，关键在于获得意义，甚至是不直接地获得意义，因为无论如何，我们不会见到一种自然语言能摆脱一种语义。3. 一种形式框架，它是被记入的场所，并且，本维尼斯特曾为之付出了主要思考。”（安娜·埃诺，2018：453）本维尼斯特的陈述活动理论，由于使“主体”和“主体性”重新返回到了语言学的研究方面，从而使其实现了向“话语”（discours）研究的转向。除此之外，本维尼斯特还是提出作为主体性之表现特征的“模态”概念的先驱者，他在1965年发表的《助动词性关系的结构》（« Structure des relations d'auxiliarité »）文章中，赋予模态这样的定义：“我们把模态理解为对于带有一种关系的陈述语段的补充肯定。”并论述了表明陈述发送者态度和愿望的“能够”（pouvoir）、“应该”（devoir）、“想要”（vouloir）三个“方式”动词和属于句法结构范畴的“也许”（peut-être）、“可能”（sang doute）和“大概”（probablement）等副词在“模态”上的不可或缺的作用，对于推动这一概念的深入研究起到了开创性的作用。

3 格雷马斯的研究工作

巴黎符号学学派（École de Paris）的创始人格雷马斯（Greimas A. -J.，1917—1992）在建立“叙述符号学”（sémiotique）的“叙述性”即“叙述语法”的研究方面做出了杰出贡献，展示了陈述活动应用的广阔视野。根据他的学生雅克·丰塔尼耶

① 意指活动（signifiance）：这是从拉康（Lacan J. 1901—1981）的精神分析学理论沿用下来的术语，指的是“有所意味的特征”，而不是意味之结果，即意义。该术语后来也多为茱莉娅·克里斯蒂娃和罗兰·巴尔特所用，但在叙述符号学中则不见使用（叙述符号学使用 signification：意指或意指过程）。——作者注

（Jacques Fontanille）的介绍，格雷马斯是在美国语言学家乔姆斯基（N. Chomsky）的“生成语法”的启发之下，形成了自己的带有生成性特征的叙述符号学理论的：“格雷马斯曾提出，参照乔姆斯基的语法，把符号学理论的各个组成部分组织成一种生成模式；各个层次都按照从最抽象到最具体、从意指的基础结构到表层叙述结构来分阶段进行。”（J. Fontanille，2012：4）格雷马斯早在 1966 年出版的《结构语义学》（*Sémantique structurale*，1966）一书，可以说就是建立话语分析的总体叙述语法的前期准备。其中重要的一点，就是从形式上阐述了根据苏联文化学者普洛普（Propp V.，1895—1970）的七种人物角色和法国美学家苏里奥（Souriau É.，1892—1979）的六种喜剧角色所概括的由六个（即三对）行为者组成的“行为者模式”（modèle actantiel）的各个方面。指出每一对行为者之间的“语义投入”就是“欲望”的投入，并且“主体”与“对象”的关系占据中心位置。可以说，这部书奠定了格雷马斯和由他建立起的巴黎符号学学派后来的整体发展。而且从这时开始，先前的“结构符号学”便步入被巴黎符号学学派的“叙述符号学”所替代的过程。其特征是不再研究符号及其系统，而是研究符号之间的关系，并成为当今法国符号学研究的主流。格雷马斯 1970 年出版的《论意义》（*Du sens*，1970）则是对于“叙述语法”所涉及的各个方面的进一步阐述。在第一章关于《论意义》中，作者告诉我们，“谈论意义和由此说出被赋予意义的某种东西，是非常困难的，唯一的办法就是构建一种无任何意味的言语活动。因此，我们要建立一种客观的距离，这种距离可以让我们根据被赋予意义的话语得到脱离意义的话语”（Greimas A. J.，1970：7）。这就是说，格雷马斯的“叙述符号学”就是根据意义建立起一套“元语言”即一套“形式语言”，也就是后来库尔泰斯（Courtés J.）对于叙述符号学的研究对象所总结出的那句话：“我们已经可以明确地指出，符号学的研究对象，仅仅是意义赖以得到表达的各种形式。”（Courtés J.，2007：21）就是在这部书中，格雷马斯提出了意指的一种基本结构，即“符号学矩阵”，从而在宏观上为我们确定了探讨叙事文本语义逻辑的基本操作方式。1976 年，格雷马斯在其出版的《莫泊桑——文本符号学：实践练习》（*Maupassant-la sémiotique du texte：exercices pratiques*，1976）一书中，结合莫泊桑的中篇小说《两个朋友》（*Deux amis*），重点探讨了文本在时间连接和空间连接方面的“脱离”（débrayage）与“接合”（embrayage）、状态动词“存在”（être）和行为动词“做”（faire）、主体的潜在能力（compétence）和故事中的“寻找过程”等。格雷马斯 1983 年出版的《论意义 II》（*Du sens II*，1983）进一步阐述了叙述符号学中的“价值对象”的方方面面。书中的重要内容是提出了“建立模态理论”的主张，从而在重新整理本维尼斯特模态理论基础上确定下了被后人所遵从的使用于陈述发送者的五个“模态动词”，他们是：“能够”、“应该”、“想要”、“懂得”（savoir）、“相信”（croire），并确定了对于状态动词“存在”（être）的模态理论，从而建立了“诚信模态”（modalités véridictoires），由此也接触到了主体的“激情”。在格雷马斯的“叙述语法”中，有一个重要的概念，那就是“变指成分”（shifter）（或“变指词”）；该词源于雅各布森的用法，在翻译成法语时，它被上面提到的“脱离”和“接合”两个词所兼顾，分别指陈述活动中的语义转换和连接的操作，他们在后来均得到更为充分的研究。在此，我们要特别提到格雷马斯与库尔泰斯合著的《符号学：言语活动理论的系统思考词典》（*Sémiotique-dictionnaire raisonné de la théorie du langage*, 1979, 1993）一书在总结叙述符号学方方面面上的贡献。其中，“陈述”或“陈述语段”（énoncé）与“陈述活动”虽然分属两个词条，但他们是在相关联的情况下被介绍的。对于“陈述语段”的介绍是这样的：“我们把陈述语段理解为任何具有意义的单体……陈述语段与被理解为言语活动之行为的陈述活动相对立，是陈述活动的结果性状态，并独立于其组合关系上的各种维度。”（A. J. Greimas et J. Courtés, 1993：123）对于“陈述活动”的概括是这样的：“根据隐形的或公开的认识论前提，陈述活动是由两种不同的方式来确定：或者像是为语言交际奠定基础的非语言（指涉性）结构，或者像是一种语言时位（instance）……在第一种情况里，谈的是‘交际情境’……在第二种情况里，由于陈述语段被看作是陈述活动所达到的结果，所以陈述活动就显得像是中介时位，这种时位确保着将语言的各种潜在性变成陈述语段—话语。”（Greimas A. J. et Courtés J. , 1993：125—126）这就明确地告诉我们，陈述活动可以有机地将语言外事实与语言内事实联系起来。紧接着，这部词典对于陈述活动这一概念做了这样的总结：“根据第一种意义，陈述活动概念倾向于接近言语活动之行为的概念……根据第二种意义，陈述活动应是言语活动理论的一个独立的组成部分，是在（语言的）能力与运用之间，在由陈述活动负责现时化的潜在符号学结构与以话语形式形成的结构间安排过渡的一个阶段。这第二种定义就是我们的定义。”（Greimas A. J. et Courtés J. , 1993：125—126）说得直白一些就是，在叙述符号学看来，陈述活动就是“话语建构”（mise en discours）的过程。

4 陈述活动在今天的研究状况

那么，对于陈述活动的研究工作，在法国语言学和符号学等领域近年来的研究进展情况又如何呢？我们结合由卢森堡大学克拉斯–布莱兹（Colas-Blaise M. etc.）等三人主编，集结了法国、比利时、瑞士和卢森堡多所大学学者研究成果的《当今的陈述活动》（*L'énonciation aujourd'hui*, 2016）一书和其他著述，主要在以下几个方面对于陈述活动近期的研究做一点扼要介绍，从中可以了解到其研究工作的进展和成果。这部书的主编在《前言》中告诉我们：“在这里汇编在一起的研究文章，组成了有关语言、话语、文本和图像的陈述活动探讨的一个宽大领域，他们甚至开启了对于相互作用的微观社会学和对于感知现象学的探讨。借助于关键的陈述活动概念，我们就建立起了有关当前各种言语活动科学及其联系和有关可能的观念转述之间的总体了解。在这一点上，这本书的目的之一，就是在语言学与符号学之间建立我们认为很少有的一种对话……是研究‘符号系统所共有的那些特征’，为的是建立一种‘普通符号学’。”（Colas-Blaise

M. etc. , 2016：9）如此看来，陈述活动概念已不再限于是叙述符号学的核心概念，而且也是正在建立之中的普通符号学（sémiotique générale）的核心概念。这一著述基本上概括了陈述活动这一概念在这几个法语国家中的研究深度和丰富内容。此外，早一些时间出版的里昂第二大学的卡特琳娜·凯尔布拉–奥莱克乔尼（Catherine Kerbrat-Orecchioni）的语言学专著《陈述活动》（*Énonciation*，1999，2002）和其他学者的研究成果，为推动对于这一概念的探索也做出了贡献。

下面我们在此仅就这一概念在几个重要领域中被认知的情况做一综合性介绍。

（1）有关语言“指示词”和非语言“指示词”的研究

对于本维尼斯特提出和做过简单阐释的“我”、“在此”和“立刻”，我们现在看到的研究是：这些指示词一般被明确地划分为“语言指示词”和“非语言指示词”。语言指示词不仅包括本维尼斯特已经论述过的“我”和“你”，而且也扩展到了“他（它）”，后者也可以是一个无人称代词，因此可以指示非语言对象。巴黎–索邦大学的德克雷（J. -P. Desclés）的文章让我们了解到，在“我”、“你”和“他（它）”之间存在着一些不变关系的痕迹，更可以说是存在着“对于外部可参照性对象的一些直接替代”。例如，在某种特定的语用场合，“我”和“你”可以指称“讲话者”和“听众”，但在与“听众”互动时，两个人称也可以互转。不过这些关系在考虑第三人称“他”时，则会出现“断裂”，亦即“我”和“你”两个人称永远不能直接与第三人称“他”实现对话。在这里，“参照性”概念可以在时间指示性内部、在相对于陈述活动的情境而“标记”的各种时刻之间阐述区别性。同为巴黎–索邦大学的曼格诺（G. Maingueneau）在分析话语的过程中，区分传播情境（社会话语角度）、讲话情境（即在词语交流中占据的位置）和陈述活动情境。陈述活动发送者（“我”）的位置，是由陈述活动的情境所限定的，它是所有陈述活动踪迹的源头，而一种变异性关系将这种位置与共 陈述活动发送者的位置（“你”）区别了开来，而无人称代词（“它”）则不具备这种条件。

比利时列日大学的东德洛（M. G. Dondero）则离开了词语的陈述活动，在图像符号学上对于陈述活动的（人称的、时间的、空间的）“指示性过程”做了深入研究，并代之以“它”（il）、“这个时候”（alors）和“此外”（ailleurs）。巴黎第八大学的德尼·贝特朗（D. Bertrand）对于东德洛的研究从格雷马斯符号学理论上做了回应，他认为，格雷马斯符号学中的“脱离”（或“离析”）的操作，就在于向一个陈述语段中投入一种“非—我”（即行为者脱离，而进入“它”的领域）、一种“非—现在”（即时间脱离，而进入“这个时候”）和一种“非—在此”（即空间脱离，而进入“此外”的领域）；在他看来，“接合”操作是“二级”的，这种操作可以确定“我”、“在此”和“现在”的位置。依据这些概念，东德洛提出了目光系统（“第三人称图像”中的特征和正面目光，后者负责建立“我—你”类型的关系）。他还提出了各种景深平面和视角的操作问题。同为列日大学的克兰肯伯格（J. -M. Kelinkenberg）研究了连环画中的陈述语段，他按照指示词的数目来安排属于语言性质的接合成分（例如指示形容词、连接词等）和非语言指示成分（例如线条、箭头等）。瑞士日内瓦大学的热尼（L. Jenny）将陈述活动的指示性概念也用在对于摄影作品的分析方面，很有新意；他在照片之中区分出两种指示平面：一种是指示性平面（plan indiciel）；另一种是标示性平面（plan indexical）。前者指照片中所摄对象的印记或痕迹；后者在于证明一位摄影主体的在场（例如对于取景、某些点位的聚焦、景深的选择等）。

（2）对于主体性、模态和模态者的研究

继本维尼斯特和格雷马斯之后，我们要提一提从语言学方面集中论述陈述活动的卡特琳娜·凯尔布拉-奥莱克乔尼的那部专著《陈述活动》。该书依据一些具体实例，重点阐述了说话主体在陈述语段中出现的痕迹，亦即“言语活动中的主体性”，最终回到了言语活动现象的多样性方面。从此，对于陈述活动的研究工作广泛和深入地获得展开，功不可没；她后来发表的一些文章，也是陈述活动研究的重要组成部分。

利摩日大学的阿亚·奥诺（Aya Ono）于2007年发表了专著《本维尼斯特的陈述活动概念》（*La notion d'énonciation chez Émile Benveniste*），其目的就是“研究属于主体的特征”。她重点探讨了语言中的主体性、动作中即在言语活动实施中的主体性和外在于言语活动的主体，她认为，主体性就是“我”的主体性。

土伦大学的米谢乐·蒙特（Michèle Monte）2007年在网上发表的《诗歌与陈述活动的消除》（*Poésie et effacement énonciatif*）一文，提出了诗歌中陈述活动的“扩展”（extensif）观念，指出，陈述活动并不局限于“接合”（embrayage）标志。作者指出，诗歌中的主体性是“分散的”和“衍射性的”，诗歌中出现的指涉对象和谓语都无法让人确定主导感知和判断的模态主体。这一点，再一次证明了诗歌的无叙事特点。

里昂第一大学的阿兰·拉巴泰尔（Alain Rabatel）在2011年的《模态主体、负载时位和有效时位》（*Sujets modaux, instances de prise en charge et de validité*）一文中认为，话语中的“视角”（point de vue：PDV）是陈述活动的痕迹之一，于是，陈述发送者就成了与对话者有别的一种潜在的时位，或者说是第一位和第二位的关系。除此之外，还应该考虑主体性的起因和主体性素（subjectivèmes）的数量和性质。这里的主体性素是指构成主体性的人称、模态动词等各种成分。在这种情况下，陈述发送者就以其印记标志出了说话（dictum）的组织机制。埃克斯-马赛大学的罗贝尔·维翁（Robert Vion）在2003年发表的《模态化概念：迈向有关模态者和模态的一种语言学理论》（*Le concept de modalisation：vers une théorie linguistique des modalisateurs et des modalités*）文章中指出，模态就像是陈述语段（句子）所必需的一种成分，而模态者则“从外部”向由说话构成的陈述语段使用一种或多种模态。巴黎第八大学的让-克洛德·科凯（J.-C. Coquet，又译：高概）2011年在《体态谓语——报告会笔录》（*Les prédicats somatiques. Notes de conférences*）一文中指出，主张区分认知谓语和表明我们对于世界之把握的体态谓语、区分语言所特有的思维经验与身体经验，并以对于这些区分的辨别来记录可感世界进入话语中的情况。也有不少学者研究了图像中的陈述活动的主体性。

（3）对于陈述活动各种时位（Instances d'énonciation）和参数（paramètres）的研究

我们先说对于陈述活动各种时位的研究状况。在人们对于陈述活动的研究中，尽管所使用的术语有所不同，但是，陈述活动的主体性和陈述活动主体的问题，是绕不过去的。研究者们多使用下列术语——“对话者/接话者”“发送者/接收者”“陈述发送者/共—陈述发送者/共—陈述接收者/陈述接收者”“陈述活动时位/陈述时位/陈述活动主体”“生产者/接收者/观看者”等，来显示所研究领域的侧重点。研究者们的成果让人们注意到了三种情况：一是多数成果都极力指出，陈述活动问题离不开面向“你”说话的“我”的陈述活动，也离不开面向一位接话者或一位陈述接收者的对话者或陈述发送者的陈述活动。在此，对话者至少同时是说话人，也是听话人；二是研究者们使用的“对话者”和“接话者”，“陈述发送者”和“陈述接收者”，或者是“发送者”和“接收者”，通常都带有一种种属价值；三是在相关学科内部或在学科之间，人们则尽力指出这些术语之间的差异。

在曼格诺看来，陈述活动角色的位置是根据陈述活动、对话者和交际的情境来分配的。阿兰·拉巴泰尔在对话者与陈述发送者之间做了区分。他在重新评价对话者的位置的同时，把对话者确定为实际地产生陈述语段（句子）的第一时位，陈述发送者对应的是对话者用来以确定的视角（PDV）去考虑各种事实的陈述活动的位置。人们注意到，有的研究者为对话者和陈述发送者安排了不同的用场。蒙贝利埃第三大学的雅克·布雷斯（Jacques Bres）有区别地使用对话者与陈述发送者两个术语，认为在对话的陈述空间中，有一种嵌入式陈述活动行为与一种被嵌入的陈述活动的相互作用。罗贝尔·维翁在强调模态者的对话维度的同时，认为对于陈述活动的探索，不能满足于建立对于显示陈述活动发送者和话语的主体概念。德尼·贝特朗区分了陈述活动的主体与话语主体，认为前者是“难以接近的”；后者是根据一些话语片段可以建构的。在图像领域，人们重点研究了内在的陈述发送者和陈述接收者，认为图像可以摆脱目光，而建立起陈述发送者与陈述接收者之间的一种“斗争”。博尔德龙说明了图像中并不存在语言主体意义上的主体性标志，相反，他注意到了多个话语时位。有的学者专门研究了摄影中摄影师主体的各种表现痕迹，因此，取景框或“范围效果”则构成了某种“主体效果”。

让-克洛德·科凯探讨了各个话语时位，即“陈述性时位”，为的是阐述这种情况的多元性。“陈述性时位”理论要求在可以做出判断的“主体”、其辨别能力已经减弱的“几乎—主体”与不具备判断而是借助于身体谓语来陈述的“非—主体”之间做出区分（2007）。这位年过九旬的学者继续在为其“主体性理论”添砖加瓦，做着积极的贡献。

对于陈述活动各种时位的研究，还涉及各种参数概念，我们在此仅对于在负载、敏感与感知性主体方面的论述做一简单的介绍。

多数学者指出，陈述活动时位可以依据其承担起一种意义或一种命题的情况即“负载”的情况来做出分类。已故语言学家屈里奥利（Culioli A. 1924—2018）早在20世纪80年代开始发表的专著和文章中就指出，唯有“主体”可以负载陈述活动，谓语活动关系到一种理性时位，却不带有与现实原则的任何关系，或者说其是一种“功能性非—主体”。在这种情况下，谓语活动是“为了说话而说话”的一种载体。让-克洛德·科凯也于2007年在《自然与语言：言语活动现象学》（*Phusis et logos. Phénoménologie du langage*）一书中指出，任何“断言”（assertion）都取决于陈述性时位即“主体”阶段。有的学者认为，负载是根据由属于“陈述活动性的创意”理论所规定的某些“空间”来变化的。对于对话性的陈述语段，学者们认为，这种陈述语段是围绕着一种嵌入习性的陈述活动的行为和一种被嵌入的陈述活动的行为之间的相互作用来被结构的。因此，就必须考虑在何种情况下，话语的异质性问题与内容的负载问题是不可分离的。按照阿兰·拉巴泰尔的主张，只有处于混合状态中的具备模态主体习性的陈述发送者与对话者才能有某些陈述语段，而处于非—混合状态下的陈述发送者在这个时候仅仅是一种“几乎—负载”时位。

敏感与感知性主体也被多数学者的研究所提及。对于这种主体的研究，就必须通过在文本或话语中寻找这种主体被计入的标志，或者通过研究其具体的文字显现，或者通过说明这种主体是怎样被牵连进意义的生产和管理之中，来搞明白情感的力量或身体所起的作用，这自然又涉及主体的激情条件。

5 结语

上面，笔者概要地介绍了法语国家学者对于叙述符号学的核心概念——陈述活动——所做的部分研究成果。陈述活动所涉及的内容还有许多，例如陈述活动的语言内与语言外的背景问题、陈述活动过程中的动力问题、身体性参与问题，等等，但目前还比较分散，笔者将会密切跟随其研究进展。

概括说来，在叙述符号学中，陈述活动就像是一条总的导索，它将话语构成的各个方面在横向上做了串联性研究，而在纵向上又对每一个被串联部分的所有聚合关系做了逐步深入的探索。在这些研究中，一个明显的特征，就是我们很难将语言学与叙述符号学再做严格区分。我们似乎可以对法国或欧洲法语国家和地区从20世纪50年代到今天的符号学研究做这样的概括：结构符号学是将语言的“形式关系”套用在对于社会文化对象的研究和分析上。叙述学（narratologie）是在“词语表现”（manifestation verbale）方面对于“叙事”或“文本”的结构探索。茱莉娅·克里斯蒂娃的“符义分析”（sémanalyse）是精神分析学与语言学（特别是乔姆斯基的“生成转换语法”）相结合的产物，而巴黎符号学学派的“叙述符号学”则是与语言学相伴相随、互融互通的符号学。“叙述符号学”还在发展之中，对于“陈述活动”的研究还在进一步深入之中，而多数学者则认为，他们在“叙述符号学”基础上看到了建立“普通符号学”的希望。

参考文献

[1] Ballye, Ch. *Linguistique générale et linguistique française* [M]. Berne: Francke, 1932, 1965.

[2] Benveniste, É. *Problèmes de linguistique générale*, 1 [M]. Paris: Gallimard, 1966.

[3] Benveniste, É. *Problèmes de linguistique générale*, 2 [M]. Paris: Gallimard, 1974.

[4] Colas-Blaise, M. etc. *L'énonciation aujourd'hui* [M]. Limoges: Lambert-Lucas, 2016.

[5] Courtés, J. *La sémiotique du langage* [M]. Paris: Armand Colin, 2007.

[6] Fontanille, J. *Corps et sens* [M]. Paris: PUF, 2002.

[7] Greimas, A. J. *Du sens* [M]. Paris: Seuil, 1970.

[8] Greimas, A. J. *Du sens II* [M]. Paris: Seuil, 1983.

[9] Greimas, A. J. et Courtés J. *Sémiotique-dictionnaire raisonné de la théorie du langage* [M]. Paris: Hachette. 1979, 1993.

[10]〔法〕安娜·埃诺:《符号学问题》，怀宇译，北京：中国人民大学出版社，2018。

[11]〔瑞士〕弗尔迪南·德·索绪尔:《普通语言学教程》，高明凯译，北京：商务印书馆，1982。

Enunciation—— A Core Concept in Narrative Semiotics

Zhang Zhiting

(Nankai University, Tianjin Foreign Studies University)

Abstract: Enunciation is the core concept in the current studies of French linguistics and narrative semiotics, the exploration of this concept and its related contents is also where great efforts are made in French linguistics and narrative semiotics. According to this point, most scholars believe that the in-depth and detailed studies of this concept make people see the dawn of the establishment of general semiotics. This paper briefly introduces the historical formation process of the concept of enunciation in the development of French linguistics and semiotics with the help of several scholars, its promoting role in the establishment and evolution of narrative semiotics, as well as the research status in recent years. It is hoped that this paper can play a useful role in the study of semiotics in China.

Keywords: enunciation; utterance; semiotics; subjectivity; instance

作者简介

张智庭，笔名怀宇，南开大学外国语学院法语教授，天津外国语大学语言符号传播应用研究中心专职研究员。主要研究方向：符号学研究和翻译。

本维尼斯特符号学思想诠解

庞茂森

摘　要：本维尼斯特继承索绪尔的语言符号观和语言系统观，认为符号是基本意指单位。语言因其双重意指性而具备阐释其他一切符号系统的能力，语言符号系统因此占据绝对优势地位。针对索绪尔的语言符号学，本维尼斯特提出两条超越路径，形成符意学、语义学和元语义学三种模式。语言、人、社会三者的联系使得符号学成为一种“文化学”问题。

关键词：本维尼斯特　符号　符号系统　语言符号学　文化学

1 引言

埃米尔·本维尼斯特（Émile Benveniste，1902—1976）是法国著名的语言学家、符号学家。他一生著述颇丰，共发表专著18部、论文291篇、书评300篇，涵盖赫梯语、凯尔特语、斯拉夫语、伊朗语、托哈尔语、希腊语等十多个语种，涉及语言学、符号学、哲学、精神分析学、人类学、社会学等领域。他前期主要从事历史比较语言学研究，后期逐渐转向普通语言学和符号学研究，这部分成果大多收进两卷本的论文集《普通语言学问题》中。他对符号学的直接论述仅有《语言符号学》一篇论文，其余相关理论均散见于他的语言学论著中。但不可否认的是，他对法国的符号学发展做出了极大的贡献，罗兰·巴特、克里斯蒂娃、热奈特等法国著名符号学家无不受其思想的启发。

1968年，国际符号学大会在华沙召开，本维尼斯特主持并做了开场发言。1969年，在他和雅各布森的倡议下，国际符号学协会成立，本维尼斯特当选为第一任主席。同年出版协会刊物*Semiotica*，《语言符号学》是第1期的第一篇文章。也是在这一年底，本维尼斯特和列维·斯特劳斯、格雷马斯、托多洛夫等法国符号学家组成巴黎符号学会，主席一职仍由本维尼斯特担任。我们完全有理由说本维尼斯特的符号学思想是法国符号学研究阵营中不可忽视的一部分。张智庭教授（2015：11）就指出，从20世纪70年代中期开始，本维尼斯特已经成为巴黎符号学学派进行分析的重要理论参照。

法国学者高概（Jean-Claude Coquet，1997：289—305）认为，欧洲的符号学研究呈现两种趋势：客观符号学和主观符号学。客观符号学强调“叙事性”，主张从逻辑—数学层面探寻结构的纯粹内在性，坚持“普遍唯理性决定科学话语的生产”；主观符号学强调“话语性”，关注人的现实存在，研究主体与社会和世界的动态关系。我国学者对以格雷马斯为代表的客观符号学的研究已经比较成熟，但鲜有关于本维尼斯特符号学思想的研究，少许关于本维尼斯特的文章也只是在论及他的语言学理论时顺带提及其符号学思想，因此我们认为有必要对本维尼斯特的符号学思想进行较为深入的分析和介绍。

2 符号的界定

本维尼斯特并未给“符号”下过明确的定义。他（2012：61）认为，“符号”的重要性并不在于其概念本身，而体现为“符号可以组成连贯的整体，构成符号系统，并且符号促使一门全新的科学得以产生，一门关于符号的科学，即符号学”。他延续了索绪尔“作为双面统一体的符号”的观点，认为符号由能指和所指构成，但对于二者之间的关系，他与这位现代语言学的鼻祖背道而驰。本维尼斯特指出（2008：81），索绪尔用来定义语言符号的方式和他赋予符号的根本性质之间互为矛盾。索绪尔一再强调联结语言符号的是概念（所指）和音响形象（能指），这种联系是任意的，而语言符号的这种任意性归结于能指与所指在现实中没有任何自然联系。索绪尔对任意性的这一阐释引入第三个关系项，即事物本身。物质实体的出现不仅违背了符号二元论，也与语言是形式的观点相抵。所以，索绪尔的任意性实际上指的是符号与现实之间的关系，“只是相对于现象或物质对象而言的，并不涉及符号的构成本身”（本维尼斯特，2008：85）。本维尼斯特断言，能指与所指之间的联系应该是必然的，他们在语言符号中同体共生，无论在何种情况下都同时出现，因为“意识只接受用于承载其可辨识的某表现物的声音形式，否则，它就会将其作为未知物或陌生物遗弃”（本维尼斯特，2008：83）。无论空洞的形式，还是无名的概念，在人的意识里都没有容身之所。正是符号的这种必然性使得语言没有成为游移的观念和偶然的声音意外结合的产物。

既然本维尼斯特认同符号是由能指和所指构成的双面统一体，那么按照这种经典定义，符号代表某种意义的标识，同时承载着某种形式和特定的意义。本维尼斯特也确实把符号的作用概括为表现他物。但是符号如何能够成为替代物呢？在符号和现实之间建立一种意指关系。我们之所以可以生活在一个错综复杂的符号网络中，正是因为围绕我们的各种符号能够意指，也就是具有意义。本维尼斯特（2008：124）认为：“所有系统的共同特点，及其从属于符号学的衡量标准，是他们具有意指的特性，即意指性，并由意指单位即符号组成。”1968 年 12 月本维尼斯特在法兰西公学院讲授《普通语言学》课程时，他（2012：60）在第一堂课上就指出，给“意指”下一个简单的定义足矣：“具有意义，表现”，“代替某物以使在头脑中唤起此物”。“具有意义”是词典中“意指”一词的普遍定义，《拉鲁斯法语大词典》、《罗贝尔词典》和《法语宝库》等都把“具有意义”列为“意指”的第一条定义。本维尼斯特给出的第二条定义更像是对“表现”一词的狭义解释（该词在文学艺术中有非常广泛的含义），他把符号与意识联系在一起，正好印证了他所坚持的符号二元论观点。

如前所述，符号系统一定是一个意指系统，符号就是这个系统的意指单位，然而符号与单位仍需加以区别。本维尼斯特强调（2008：131），“单位和符号具有不同的特性，符号肯定是一个单位，单位却不一定是一个符号”。音乐可以乐音为基本单位，但乐音只是一种声音，在一定的标量结构中才能被加以识别，它无法进行意指，因而不是符号。本维尼斯特由此区分出意指单位系统和非意指单位系统。对于能够划分为单位的符号系统来说，其单位可意指或不意指，语言就是典型的意指单位系统。就绘画和雕塑而言，如何确定单位尚且是一个悬而未决的问题。艺术往往使用具体、生动的媒介，比如绘画的色彩和线条、雕塑的材料和形状等。他们都具有不确定性，自身并无规范可言。色彩也许具有名称，但仅仅是一种指称而已。渐变色又该如何指称、具有什么意义呢？更何况在“所指”层面，不仅艺术家想要传达的东西不尽相同，而且欣赏者的情感体验和美学感受也因人而异，文化社团、社会阶层、生理经验、个人经历都可能是造成“所指”不同的因素。因此，本维尼斯特（2008：132）指出，艺术的意指关系由创作者赋予，存在于作品内部，必须从这个封闭整体的各种关系中挖掘；而语言的意指性为语言符号本身所固有，使用者之间能够进行一致约定，从而交流成为可能。

对艺术的考察让本维尼斯特认识到符号的多样复杂性，他坦言（2008：132）：“这些不同的系统，十分复杂，其中符号的定义只有随着现在还模糊不清的符号学的发展才能确定下来。”虽然他无法给符号下一个确切的定义，但他对符号的认识依然是其符号学思想的指导原则。能指和所指的划分是对符号系统进行形式研究的基础，符号的必然性肯定了符号的交际功能，而以符号系统的意指性为基本原则，与我国学者的看法不谋而合：“符号学就是意义学。符号是意义活动的独一无二的方式，不用符号无法表达任何意义，反过来，任何意义必须用符号才能表达。既没有不用符号的意义，也没有缺乏意义的符号。”（赵毅衡，2013：5）我们尝试把本维尼斯特的符号观归纳为：符号是由能指和所指必然构成的意指单位，通过不同方式作用于系统，以使符号系统产生意义。

3 符号系统的等级关系

相比符号本身，本维尼斯特更加关注符号系统。他认为，符号学的对象不仅仅是符号系统，还包括这些系统间的关系，而符号学的中心问题，则是语言在各种符号系统中的地位问题，因为“这些符号要产生并作为系统建立起来，必须以语言为前提，被语言生产并阐释”（本维尼斯特，2008：123）。

本维尼斯特（2008：124）指出，一个符号系统的特征表现在四个方面：操作方式；有效范围；符号的性质和数量；运转类型。因符号系统的不同，这些特征也各有差异。前两种特征在经验层面上作用，是符号系统的外部条件，允许发生一定的变化和调节；后两种特征则在符号层面上作用，是符号系统的内部条件，不允许发生变化。除此之外，不同类型的符号系统无法产生相同的意指作用；相反，同样基础的符号系统，比如书写字母、布莱叶盲文、莫尔斯电码则可以相互转换以表达同样的意义。再者，符号实体的同一性并不影响符号功能的差异性。换句话说，符号只有在其系统内才具有价值，例如，交通灯的红色与中国传统嫁衣上的红色不可同日而语。

对于符号系统之间的关系，本维尼斯特（2008：134—135）区分出三种类型。第一，一个符号系统生成另一个系统为生成关系。例如，语言生成数理逻辑符号，普通文字生成速记符号等。第二，两个符号系统的组成部分之间建立起某种联系为对应关系，可以是直觉或理性的、实体或结构的、概念或诗学的。例如，波德莱尔诗歌中著名的“感应”现象等。第三，一个系统能够解释另一个系统为解释性关系，语言就是最典型的解释系统，可以说语言是所有符号系统的解释者，包括对其自身进行解释。本维尼斯特（Benveniste，1974：91—102）曾在《语言的结构与社会的结构》中提出两个命题：语言是社会的解释者；语言包含社会。解释性关系的提出从符号学角度上建立起语言与社会的依存关系，不仅社会通过语言得以成为可能，并且个人也是通过语言才成为可能的，因为儿童的意识觉醒总是与语言的学习相伴相生，因此“个人与社会一起并带着同样的必然性在语言中构建起来”（本维尼斯特，2008：13）。既然社会是语言的被解释项，那么社会内部的符号次系统也必然被语言所解释，由此可以说一切符号系统最终都归于语言系统，这就是符号系统的等级原则，即语言符号系统具有绝对的优势性。

可是语言的这种特权到底从何而来呢？本维尼斯特（2008：13）在《语言学发展一瞥》中做出了回答：人的象征能力赋予语言这种“元语言”功能。所谓象征能力，即“通过一个‘符号’表现现实的能力，以及将‘符号’理解成对现实表现的能力，也就是在某一物与某一他物之间建立起‘意指’关系的能力”。他认为（2008：16—17），人类的象征能力是思想、语言和社会的共同源泉，它在语言中达到最高实现，因此语言主要表现出三重优势：具有中介性；提供了一种关系结构的模式；是最经济的象征方式。除此之外，语言还具有一个最特殊的优势：双重意指性。即语言同时以两种不同的方式进行意指，本维尼斯特（2008：138—139）称之为“符意学”方式和“语义学”方式。“符意学”是“语言符号特有的并将语言符号组成单位的意指方式”。符号是能指和所指的结合体，而符号作为基本单位，本身就具有意义，并且这个意义是语言共同体中所有成员都认可并且能够“识别”出来的。“语义学”是“话语生成的特定的意指方式”。符号单位组合成话语，这一层面上的意义不是简单地叠加符号本身的意义，而是必须从整体上去“理解”，并且总是与指涉物紧密相关。

我们可以看到，本维尼斯特描绘了符号系统之间的关系，明确了语言在各种符号系统中的地位。语言的广泛应用并不足以说明语言为何是一个特殊的符号系统，反而是语言具有特殊性的结果。事实是，“语言是能在两个层面上依次实现意指性的唯一系统。其他系统只有单一维度的意指性”（本维尼斯特，2008：139）。例如礼仪手势只有符意性，而没有语义性；艺术只有语义性，而没有符意性。双重意指性使得语言能够生成和阐释一切系统，并且能够对意指性进行意指阐述，从而具有绝对的优势性。

4 走向“第二代”的语言符号学

语言无疑是最杰出的符号组织，它重新生成世界，同时也使世界受制于语言自身的组织结构，确切地说，“语言的性质，其表现功能，其能动力量，其在社会生活中的作用，都使它成了一个巨大的符号模具，成了供其他结构模仿行动特点和方式的模式结构”（本维尼斯特，2008：137）。语言的这种符号模制功能更加肯定了建立一门语言符号学的必要性，本维尼斯特（2008：134）也强调：“任何非语言系统的符号学都必须借助语言媒介，因此只有通过语言符号学、并在语言符号学之中才能存在。”

索绪尔和皮尔斯同为符号学的先驱者，他们的符号学思想各有千秋、难分伯仲。后继的符号学家们多将两人相提并论，但评价各异，本维尼斯特自然也有他的见解。在《语言符号学》中，本维尼斯特（2008：115—116）重新审视了皮尔斯的符号学思想，从两个角度提出了反对意见：一方面，皮尔斯对符号的划分太过空泛，没有把语言作为一种特殊的符号系统来考量。语言被简单地归结为词，一部分是象征符号，还有一部分是指索符号，与手势处于同一层次。更何况同一个词又可以表现为性质符号、单一符号和法则符号。这种划分不仅忽视了手势和语言的差异，而且不具备实际操作性，无益于语言系统的符号学的建立。另一方面，皮尔斯把符号视为整个世界的基础，现实的、想象的和经验的一切都归结为符号，个人、思想、情感都是符号。符号互为符号，根本无从确定他们是哪种非符号物的符号，一切符号都被归入唯一一个符号系统，所有符号都发挥着同样的作用。因此，本维尼斯特相应地提出了两点意见：区分符号和所指的差异，明确最基本的符号关系；构建多个符号系统，厘清系统间的相互关系。

在本维尼斯特看来，索绪尔的符号学在一定程度上弥补了皮尔斯的不足。索绪尔的符号学思想萌生于对语言的思考，他提出要设想一门关于符号的科学，明确了语言学的界限。同时索绪尔又把语言符号设定为语言学的符号学工具，揭示了语言学的研究对象。不同于皮尔斯，索绪尔的符号没有普遍性，而是个人的和社会的，“符号首先是个语言概念，能广泛扩展到人文和社会事实的某些方面”（本维尼斯特，2008：121）。符号凭借某种内在原则构成系统，而不是依靠皮尔斯的逻辑结构，因此必须在符号系统内理解符号的价值。遗憾的是，尽管索绪尔把语言定义为最重要的符号系统，但他并没有说明语言何以具有这一绝对权威性，也未阐释各种符号系统之间的关系。如前所述，本维尼斯特就这两个问题对索绪尔做了补充。他（2008：140）肯定索绪尔的研究已经为一门语言符号学奠定了基础，但语言符号学面临着新的难题：“排除语言符号的概念，就势必取消了语言最重要的特性；而把符号扩展为整个话语，就不得不与符号是最小单位这一定义背道而驰。”因此，本维尼斯特（2008：141）提出两条途径来超越索绪尔的符号观，解决这一矛盾问题：

——在语言内的分析中，开辟一个新的意指层面，即话语的层面，我们称之为语义学，今后要和与符号相关的层面，即符意学的层面区分开来。

——在对文本、作品的跨语言分析中，构建一门元语义学，它将建立在陈述语义学的基础之上。

本维尼斯特在注释中特别指出他选择符意学（sémiotique）和语义学（sémantique）这两个相似术语的原因：虽然“这两个词本身都具有专业意义。使用这两个词的好处在于他们以不同的方式表明自己与‘语符’（séma）的概念相关”（本维尼斯特，2008：138）。显然，符意学、语义学和元语义学三个领域正是通过意指层面连接在一起，构成一个符号学整体。不得不说，符号学对于意义的关注至少能在本维尼斯特这里找到源头，他对符号的认识为此后符号学的发展奠定了基础。我国学者祝克懿就做出了这样的评价：巴黎符号学学派“认为语言符号是一种已经建构的对象，不是一种研究对象。其研究更加关注语义研究和意指方式，认为符号学应该成为一种有关意指系统的理论，研究的领域是作为意指实践的各种文本。由此形成了以格雷玛斯为主的结构符号学研究范式和以克里斯蒂娃为主的解析符号学研究范式”（祝克懿，2013：25）。

从符号到话语的语言内分析，再到文本和作品的跨语言分析，本维尼斯特“超越索绪尔那种以符号为基础的语言学或符义学，转入对话语层面的研究；与此同时，在话语研究的基础上，进而研究文学的话语，而从文学话语研究中得到的成果亦可能有助于对其他艺术符号的研究”（龚兆华，2016：56）。本维尼斯特坚持着他一贯的学术严谨性，没有企图建立一门普遍适用的普通符号学理论，而是深化索绪尔的研究，解决索绪尔弃置一旁的理论难题。尽管他提到“这将是一门‘第二代’的符号学，其工具和方法也将促进普通符号学其他分支的发展”（2008：141），但本维尼斯特要构建的显然是一门“第二代”的语言符号学。

5 符号学的“文化学”属性

本维尼斯特（2012：36）在法兰西公学院授课时指出：“在世界上，在自然中，在人类行为里，在人类作品内，存在着大量种类极其丰富的符号（声音的、手势的、自然的）。”但在其关于符号的各种论述中，我们发现他主要探讨的是语言符号、文字符号、礼节符号、货币符号、信仰符号、艺术符号等社会文化生活所必需的人为符号，而把自然符号排除在讨论范围之外。早在 1952 年论述“动物交流与人类语言”的差异时，本维尼斯特（2008：95—96）就否认了动物“语言”一说，认为动物之间的交流因其“内容固定，信息不变，只跟唯一的环境有关，陈述项不可分解，单向传递”的特征，属于“信号”（signal）符号而非语言。1963 年，他具体阐述了“信号”与“象征”（symbole）的区别，认为动物使用“信号”，而人类则同时采用“信号”和“象征”。本维尼斯特（2008：15）把“信号”定义为“信号是通过自然或约定的关系与另一个物理现象相连的物理现象”，比如闪电预兆暴风雨，钟声预示就食，喊叫代表危险等等。而“象征”由人类所设置，与所象征物之间没有自然的关系，是同语言一样制度化的符号，不仅要通过感官印象去感受象征，还要通过它的意指功能对其进行阐释。因此，交通信号灯、崇拜和禁忌符号、外部服饰、联络标记符号等都属于“象征”符号。在一定程度上，我们可以说本维尼斯特的符号学主要针对的是他所界定的“象征”符号，这大概也是他不对符号进行详细具体的划分，而局限于此种二分法的原因所在。同时也再次证明本维尼斯特关注的是语言符号学，而不是一门普通符号学。

应当说，本维尼斯特把“信号”划入物理学范围，而“象征”则属于文化这一人类现象。在论及符号学与人文学科的关系时，他指出应该区分两类现象：一类是“物理学、生物学的材料”；另一类是“人际领域特有的材料”。显然，第一类属于自然科学范畴，“他们完全立足在其所显现的场域，并且他们所有的结构都在相同关系范围内达到的层次上形成、变化”；第二类属于人文科学范畴，“其特征是从来不可被视为简单数据，并不可在其自身性质范围内被界定，因为他们不论有何指涉，均与他物相连”（本维尼斯特，2008：36—37）。他同时强调（2008：19），这些涉及语言、思维、人类活动、文化的学科并行发展，势必产生一些新的学科，有助于形成一门真正的文化科学。本维尼斯特的符号学自然属于这样一门文化科学，他将其称为“文化学”（culturologie）。

首先，“文化学”是一门以人为本的科学。本维尼斯特把文化定义为人文环境，“即所有在实现生物功能之外，给人的生活与活动以形式、意义和内容的一切”（2008：18）。换言之，文化指导人的行为，组织人的生活，浸淫人的意识。反之，没有人的存在，也就无所谓文化，人与语言、社会、文化总是同生同存的，“通过语言，人吸收着文化，使其世代传承并对之进行改造。然而，如同每一种语言一样，每一种文化都运用着每一个社会所认同的特定的象征机制”（2008：18—19）。总之，文化科学建立的是“人的象征活动的理论”，是一门“大的人类学”“人的普遍科学”。

其次，“文化学”以意指理论为基础。本维尼斯特（2008：54）以意指性来界定文化的范畴：“文化也同样是一个区分什么有意义和什么没有意义的系统。各种文化之间的差别也最终归结于此”，这就是为何文化“属于价值，属于价值系统，属于价值之间的关联”。文化当然属于意指系统，而使所有人文科学联为一体的正是意指层面。他指出（2008：58），“文化学”要探究的是为何我们对某些行为赋予意义，而对其他的则不赋予任何意义，因此从方法论上来说，就将涉及对文化的意指要素进行辨别、分析和归类。

最后，“文化学”以语言符号学为理论范式。本维尼斯特肯定了人文学科的符号性质，强调（2008：36—37）：“语言的根本特性，即由符号组成的特性，是构成文化的所有社会现象所共有的。”这门文化科学成立之时，必定以二元性为其根本特征，因为文化事实之所以成立，正是由于它关涉到某一他物。而“文化学”的材料难以客体化，它会从索绪尔所提出的语言符号学为模式出发，但符号并不一定在所有层次上都能作为分析原则，因此“文化学”会做出相应的改变和调整，不必完全遵循这一模式。

6 结语

如果说“语言学的问题首先是符号学的问题”（索绪尔，1999：39），那么，符号学的问题首先是“文化学”、人文科学的问题。毕竟“没有任何一门科学能避免这一对自身对象及自己在一门普遍的文化学之中的位置的思考，因为人并非生于自然之中，而是生于文化之中”（本维尼斯特，2008：37）。本维尼斯特的认识在今天看来依然非常具有先见性。在我们探讨符号学何以能够作为方法论指导人文科学的时候，本维尼斯特已经精辟地指出了人文科学的符号本质；在我们争论语言学的学科归属问题的时候，本维尼斯特已经在“文化学”的领域内划定了语言学的界限；在跨学科研究趋势势不可挡的时候，本维尼斯特已经肯定了人文学科的互为依存性。或许我们应该重新认识这位伟大的思想家，思考他何以能够在语言学、符号学、哲学、文学、精神分析学等多个领域具有不可忽视的影响，而不是仅仅将他视为一位语言学家和符号学家。

参考文献

[1] Benveniste, E. *Problèmes de linguistique générale* 1 [M]. Paris: Gallimard, 1966.

[2] Benveniste, E. *Problèmes de linguistique générale* 2 [M]. Paris: Gallimard, 1974.

[3] Benveniste, E. *Dernières leçons: collège de France* 1968 *et* 1969 [M]. Paris: Seuil/Gallimard, 2012.

[4] Coquet, J.-C. Deux paradigmes de la sémiotique européenne: la narrativité et la discursivité [A]. In*Action, passion, cognition d'après A. J. Greimas* [C]. Limoges: Québec/Pulim, 1997.

[5] Kristeva, J. & Milner, J.-C. *Langue, discours, société: pour Émile Benveniste* [C]. Paris: Seuil, 1975.

[6] Normand, C. Constitution de la sémiologie chez Benveniste [J]. *Histoire Épistémologie Langage*, 1989 (11/2): 141-169.

[7] Laplantine, C. « La langue de Baudelaire », une culturologie [J]. *SEMEN*, 2012 (33): 71-90.

[8] 〔法〕埃米尔·本维尼斯特：《普通语言学问题》（选译本），王东亮等译，北京：生活·读书·新知三联书店，2008。

[9] 龚兆华：《本维尼斯特论诗歌语言与日常语言之别》，《当代修辞学》2016 年第 6 期。

[10] 〔瑞士〕弗尔迪南·德·索绪尔：《普通语言学教程》，高名凯译，北京：商务印书馆，1999。

[11] 张智庭:《巴黎符号学学派的语言学基础》,《语言学研究》2015 年第 2 期。
[12] 赵毅衡:《符号学即意义学》,《中国图书评论》2013 年第 8 期。
[13] 祝克懿:《互文性理论的多声构成:〈武士〉、张东荪、巴赫金与本维尼斯特、弗洛伊德》,《当代修辞学》2013 年第 5 期。
[14] 朱江月:《"人在语言中":本维尼斯特对语言与社会关系的阐述》,《当代修辞学》2014 年第 4 期。

Analysis on Benveniste's Semiotics Theory

Pang Maosen
(Nanjing University, Sorbonne Université)

Abstract: Benveniste considers the sign as the basic unit of signification thanks to a framework supplied by Saussure's study of the linguistic signs and the system of signs. Benveniste forged the concept of double significance, which defines that language is the interpreting system of all other semiotic systems. It is this metalinguistic dimension that grants language its privileged status among the set of systems of signs. On the basis of the linguistic semiotics of Saussure, Benveniste proposes the distinction between semiotics and semantics, and form three modes of semiotics, semantics and meta-semantics. The connection between language, humans and society makes semiotics a 'cultural' problem.

Keywords: Benveniste; sign; system of signs; linguistic semiotics; culturology

作者简介

庞茂森,女,南京大学、索邦大学博士研究生。研究方向:法语语言学、法国符号学、教学法。

18世纪英国透镜下的中国语言

——以罗伯特·唐古拉斯《中国的语言》为例①

贾洪伟

摘　要：以学科史学视角，以文本批判分析方法，考察《大不列颠百科全书》（1853）中“中国”词条的撰写者、英国国王学院汉学教授罗伯特·唐古拉斯撰写的《中国的语言》（1875），以窥探当时英国学界对汉语言文字研究的状态、对汉语言文字研究所持的态度，以及研究汉语言文字的方法和方式，指出当时英国学界研究汉语言文字中存在的问题。

关键词：罗伯特·唐古拉斯　中国的语言　英国汉学

1 前言

《中国的语言》（*The Language of China*）系大英博物馆研究员、伦敦国王学院（King's College）中文教授罗伯特·唐古拉斯（Robert K. Douglas，1838—1913）1875年5至6月间在英国皇家学院（Royal Institute of Great Britain）的演讲稿，后与《中国的文学》合并，以《中国的语言与文学：演讲录》（*The Language and Literature of China*：*Two Lectures*，1875）为名出版发行。实际上，《中国的语言》的主体内容并非首次出现于英国学界，而是唐古拉斯二十多年前的思想。《大不列颠百科全书》（*The Encyclopedia Britannica*，1853）主编汤马斯·斯宾塞·贝恩斯（Thomas Spencer Baynes，1823—1887）邀请唐古拉斯撰写“中国”这一词条②，其中有关中国语言部分就是唐古拉斯在皇家学院演讲的主体内容③。只是《中国的语言》篇首有关中国当时现状、中国对西方的态度以及研究汉语的必要性等内容，与《大不列颠百科全书》有所不同。

鉴于《大不列颠百科全书》在学界的地位及其国际影响力，加之“中国”词条以

---

① 本文为“‘汉语国际传播历史’国际学术研讨会暨世界汉语教育史研究学会第五届年会”（天津，2013）宣读论文。

② 该词条衍生多项独立作品，《中国的语言和文学》就是其一。此外，该词条出版了单行本——《中国》（*China*，1882，1895，1899，1901等），并在英美不断再版。可见，该词条有关语言部分的内容，在当时西方学界具有一定的代表性。

③ 参见 *The Encyclopedia Britannica*（1853：653—660），或谷歌图书电子版《大英百科全书》http：//books. google. com. hk/books？ id = HKgMAAAAYAAJ&pg = PA654&lpg = PA654&dq = A + character + is + not + sterile； + once + bound + to + another， + it + gives + birth + to + a + son + ； + and + if + thisbe + joined + to + another， + a + grandson + is + born， + and + so + on. % 22&source = bl&ots = pdBi4XQeIA&sig = c5GUT89H4RbRIXLmf7_4YfPOnVI&hl = zh-CN&sa = X&ei = 1YNSUfL4H4uZkgXVq4CwDw&ved = 0CD0Q6AEwAQ#v = onepage&q&f = false，2013 - 3 - 27。

单行本形式在英美各国的不断再版，因而我们认为：(1)《中国的语言》系在《大不列颠百科全书》(1853) 基础上完成，且是在英国皇家学院为英国学者所做的科研报告，更能反映当时英国研究汉语汉字的现状，以及英国学界对汉语汉字研究所持的态度；(2)《大英百科全书》有关“中国语言”的词条，应该能够代表且反映当时英国学界对汉语言文字的了解、研究状态，以及英国汉学家对汉语汉字研究所持的态度；(3) 基于《大不列颠百科全书》撰写的《中国的语言》不仅是当时较为权威的文本，且在内容的完整度和系统性上均相对较好。故而，本文选择《中国的语言》(1875) 为分析文本，以图窥见英国学界研究汉语汉字的情况。

2《中国的语言》内容梗概

唐古拉斯是按照人类从宏观到微观再到宏观的规律，来认识汉语言文字研究这一问题的。

首先，他从宏观层面描述中国所处的状态，阐述汉语言文字能够保持恒久的原因。指出英国研究汉语言文字的态势、英国人学习和研究汉语言文字面对的困难，以及汉语言文字的类型特征，提出研究汉语语言文字的方法。他揣测当时中国所处的状况，即“这个所谓的‘中央帝国’再也无法保持数百年来的孤立状态”。受英国传教士和商人带来信息的影响，受欧洲工业技术和发明以及邻国日本迅速走向现代文明的冲击，指出中国已无法抵御欧美现代文明的吸引，却以伪装的冷漠和蔑视的态度，对待欧美各国的友好姿态。他认为，中国之所以会以如此的态度对待西方文明，是因为中国占据优越的地理位置，具有丰富的自然资源，国民不但衣食无忧，还不用担心他国侵扰。长此以往就形成了排斥异于本族宗教、文学、科学、艺术，只吸收易于被同化的思想和文明。① 并以满族和蒙古族被同化、佛教被汉化，以及中国军队远征等史实，说明中国人对中国语言文字所持的坚定信念。

中国语言虽然受到梵文影响，采纳字母拼写体系，只在呈现梵文及其他外国的名称，拼写本土字典中汉字的读音，但也是以汉字为传达媒介，进而他得出结论：汉字作为中国人赖以传达思想的媒介，之所以坚不可摧，是因为汉字是保存和传递先人智慧的手段。进而，唐古拉斯反思了英国人对待母语的态度，只着重于从事中英贸易，无视中国语言文字的重要价值，并以法国为中国传入现代思想及研究中国文化为例，说明英国在研究中国文化方面，远远落后于法国，希望英国也能推动中国语言文字的研究，培养

① 唐古拉斯之所以持这样的观点，是因为他还没有深入了解中国语言文化的特点。中国文化历来都兼容并包，海纳百川，外来文明被汉化正说明了中国文化海纳百川的能力和实力。此外，自先秦以来，中国文化无数次吸收他族文化。第一次是随佛教传入的印度文化，影响了中国的制糖技术、医疗、音韵、文学韵律、习俗礼教等；第二次是西方文明的涌入，带来了国外的现代科学技术和人文思想，革新了传统思想，建立了新的政治、经济、哲学、语言文化体制，唤醒了民族意识的觉醒；第三次是改革开放后，中国大量、多层次地向国外吸取人文社科各层面的成果和经验教训。

出类似法国儒莲（Stanislas Julien，1797—1873）、克拉普罗（Heinrich Julius Klaproth，1783—1835）、鲍狄埃（M. Guillaume Pauthier，1801—1873）等知名的汉学家，提议牛津、剑桥等名校设立汉学教授席位。

唐古拉斯指出英国人学习和研究汉语言文字面对的困难，以法国汉学家儒莲的汉学研究为例，说明英国学者投入的精力不足，从而引入汉语言文字研究这一主题，以便为英国学者答疑解惑的同时，引导英国学者从事汉学研究。唐氏先将汉语定义为“藏语、汉语、缅甸语、朝鲜语和汉语构成的小型语系的首要语言”，说明汉语在语言谱系上的重要性和代表性。指出汉语语言文字所具有的谱系特征，即“通常被描述为单音节语言，保留着非常古老的形式，字为根词，根词为字，没有屈折变化，甚至没有黏着变化，名字没有词形变化，动字无须配合，没有字母表，书面表述由数千个各异的字符构成”，理当成为比较语文学家关注的对象。并针对英国学界对汉语、汉字还不够了解这一状况，提出开展汉语语言文字研究的两大步骤：（1）追溯汉语语音的原始形式；（2）针对方音差异问题，须将古代韵书中的方言与佛经引进的梵文字母加以比较，考察日本及其他邻国文献中保留的汉字，追溯其原始字音。

其次，唐古拉斯从微观层面，回顾汉字的缘起，阐述汉字的造字类型及其表意原理，讨论字音比例失调及音调的作用问题，探讨动字、名字、形容字、副字等字汇涉及的文法问题。

针对汉语的类型特征，唐氏赞成将汉语切分为文字和语音两个层面，因汉字数量众多，且语音数量与文字数量完全不成正比，因而将语音和文字视为两门语言对待。建议先从文字入手，指出汉字是由承载意象的笔画符号构成，进而引入伏羲和仓颉造字以及汉字的六种类型——象形字、指事字、会意字、转注字、假借字和形声字，并以相关事例说明汉字的造字原理，以及部首的数量、偏旁和部首在组字达意中的作用。

针对字音与达意的问题，唐古拉斯指出，汉字达3万多个，而语音数量仅有500多个，因而形成一个根字孳乳出74个派生字的现象，进而提出音字结合表意研究的三种方法：（1）将一个意思相似的字与一个熟悉的字系联，通过指向具有同音字具有的意义加以区别；（2）以量字（classifying words）置于名字之前，或数字置于其前的方式，区别汉语名字；（3）利用汉字分属的八个调类为据，指出上部中的“上平”“上升”“上去”“上入”及下部中的“下平”较为常用，须充分注意调类的辨义功能，要如同孩童学语一般，跟中国人面对面学习。此外，唐氏还强调，英国汉学家须注意由36个首辅音和38个尾音构成的切韵系统。

针对时人对汉语的误读，即“一门带有根字的语言，缺乏屈折变化，抑或甚至没有粘着变化”，“人们会以为该语言不可能存在文法”，唐古拉斯引用法国汉学家马世曼的话，即“某些字指物，某些字指称品性，也一定有些字用以表达完成的动作，如一人所做，或众人所为，业已完成，或在进行之中，抑或是即将完成，也肯定有绝对意义上的，或条件意义上的完成，如行为本体的完成，或专横的祈使行为。进而，在不同情况下，动作的施事者与行为的执行者，要不就明确表态，要不就心领神会，因而也就需要前置词（preposition）。每个语言都有必要存在连字，以及表达情感的语词。因而，实际上，每门语言都一定存在语法规则”，指出“汉语缺乏屈折变化，因而其文法基础，与多音节语言有所不同，但仍可凭借汉字所处的位置与前后的联系加以明确的界定”。进而，唐氏指出中国人之所以没有关注文法，是因为汉语在其源发地使用范围内完全没有必要研究其文法，提出依据考据考试的评判原则和汉语构建语句的规则，以西方语言文法为参照，找出语词在句中的位置，即“在汉语句子中，主语占首位，其次是动词，后接直接补语和间接补语”，“每个限定或修饰语均置于名字之前”，是其为依据句中位置判定词类和语词语法功能的原则。① 并以“窥见室家之好”和“如好好色”中的“好”字为例，阐明“通过变换汉字在句中的位置，考察其句法功能的变化”。

针对前述“好”字位置的阐述，唐古拉斯指出，中国本土学者对汉语中类似的现象有所忽略，在文法上的建树，仅局限于“死字”、“活字”和“虚字”三类。进而指出汉字字类的变换是通过变调来实现的，进而指出汉字中表示名物的名字最为稳定，表示行为的字多为动字，表示状态的字首先是形容字。

以汉语的类型和本质为依据，以汉学家考德威尔（Dr. Caldwell）的研究结果②为参考，唐氏指出，汉语用添加前置词的方式指称性别，并以人、鸟、兽的名字说明之。他认为，汉语中“数”的问题，仍处于未确定状态，但汉语名字单复数的确定，可依赖句中字词之间的联系而定，如名字前添加数字词，或采用表示复数的前置字，如“众”“诸”“皆”和“凡”，以及后置字“等”。

唐古拉斯认为，汉语并非缺乏格变的语言，可用位置原则来确定汉语的格。他批评了欧洲汉语文法研究者提出的“两个名字系联，前者为所有格”的观点，提出汉语名字的所有格是在名字前加“之”或“的”字来表现的，与英语中名词所有格的“ -’s”相当。他还认为，汉语中存在“与格”“宾格”“离格”，其代表例证分别为“代”“替”“为”；“以”“於”“于”“乎”；“自”“由”“从”。进而指出用于辨别汉语格变的规则，也同样适用于形容字的比较级和最高级，如“好”“不好”“与……相比，……”“……没……好”“最”“极”“甚”等。

至于汉语人称代字，唐古拉斯认为，汉语中人称代字的作用十分突出，不论是自贬，还是恭维，均用人称代字。人称代字的作用之所以突出，是因为汉语缺乏动字的形态变化，因而人称代字用以指代人及话语中的动字之数，如“吾”“尔”“其”“我”“你”“他”“我们”“你们”“他们”。进而，他指出汉语中的称谓语词也如同人称代字一样，不但具有丰富的指称作用，也有区别数的功能，如“朕”“寡人”“不才”“小

① 黎锦熙在《新著国语文法》（1924）中提出的“依句辩品”的词类辨别原则，与唐古拉斯提出的“位置”原则颇为一致，但是否受到唐古拉斯以来西方的文法观点影响，尚不明确。

② （汉语中）不仅所有缺乏推理和生命的文字皆为中性，且所有的名字，甚至指称人类的名字，自身并无阴阳性之分。所有的名字皆为中性，抑或根本贫于性的标识。

人”“卑职”“奴才”“鄙人”“贱奴”“先生”“老夫子”“前辈”“老爷”“大老爷”“大人”等。

针对汉语的计数系统，唐古拉斯以为，虽然不知始自何时，至少在《史记》中已有所显现，共有17个字构成，如“一”“二”“三”“四”“五”“六”“七”“八”“九”“十”“百”“千”“万”“亿”“兆”“京”“垓”，并指出使用频率和累加规律。

针对动字的语气和时态，唐古拉斯认为，汉语是用添加虚字的方式来呈现的，也可用位置原则来识别。指出汉语中的动字现在时不用字汇标识，过去时和将来时采用表示时态的虚字标识，如“了”和“过”系表示过去时常见的后置虚字，“将”和“要”为表示将来时最常见的前置虚字。进而，他认为，现代汉语中的第三人称祈使语气，通常在动字前添加表示“许可”的字汇，祈愿语气则添加表示“希望”或“渴望”的字汇，而可能性的表述则添加表示“能力”、“职责”或“怀疑”的字汇。

最后，唐古拉斯从宏观角度指出：（1）汉语的性、数、格、语气、时态及人称等变体中的词性，以及口语字汇所传达的词义，均与其他语言无异；（2）掌握汉语知识所面临的诸多困难，只是针对一门未知语言所营造的一种夸张而已；（3）不应该忽视一门古老而独特的语言，应对其加以仔细的研究。

唐古拉斯从宏观—微观—宏观的认知顺序为脉络，述及中国所处的状态，说明中国语言文字能恒久保持的因由，交代英国研究中国语言文字的态度，英国人学习和研究中国语言文字面临的困难；讨论中国语言文字的特征，提出研究中国语言文字的方法，回顾汉字的缘起，阐述汉字的造字类型、表意原理、音调的作用及标音的规则，探讨汉语的文法问题；指出汉语的文法本质，号召英国人直接面对困难，应对挑战，积极开展中国语言文字研究。

3 英国学界对中国及中国语言文字的态度

现仅通过《中国的语言》（1875）洞察英国学界对中国、中国语言文字及开展汉学研究的态度。笔者之所以将英国学界对中国的态度与英国学界对中国语言文字的态度放在一起讨论，是因为英国学界对中国抱持的态度必然会影响他们对中国语言文字所持的态度。

3.1 英国学界对中国的态度

根据唐古拉斯所言，我们可将以唐氏为代表的英国学界对中国的态度，归并为以下三点：

（1）近年英国外交使臣、传教士及英国商人对中国人思想的影响、西方各国科学技术的冲击、日本的全面倒向西方怀抱，以及1860年发生的鸦片战争等事件，迫使中国无法固守以往的孤立状态，已无全力抵制外来势力，只能屈服于西方各国的“淫威”

之下，必须依靠西方才得以立足于世界之林。直到 1930 年代，英国学界依然持这种傲慢自大的观点。英国学者瑞恰慈为李安宅《意义学》（1934）所写“弁言”，可充分印证这一观点：“今后中国人，不论决定在多大程度上，接纳并使用西方思想的成果，融通于中国思想的发展，毫无疑问的是：西方科学至少是中国发展所必需的。没有西方科学，中国的未来就不受自己支配，而由掌握发达科学者所支配。科学对中国之所以必要，就在于西方科学是中国自由支配自己命运的明智之举，且是唯一的出路。”①

（2）中国不愿意接受外来文化和思想，不但不接受异于本族观点的宗教、文学、科学技术或艺术，也不创造自己的宗教、文学、科学技术或艺术，只心系东亚，吸收易于本族同化的思想。尽管历史上中国人曾南征北战，接触各色文明，却未曾吸收他族的优异文化。即使吸收了随佛教传入的印度文明，也都几乎被本土同化，没有吸收任何有益于文化发展的营养。

（3）中国幅员辽阔、物产富足、百姓淳朴、生活安逸，英国不应当仅与中国进行贸易往来，更要吸收中国人的智慧与文明。

上述三点决定着英国学界对中国语言文字所持的态度，以及学习和研究中国语言文字的目的，即维护本国利益，与法国、德国和俄国角逐其在中国的实力，已经饱含了旨在配合传统安全战略的非传统安全②思想。

3.2 英国学界对中国语言文字的态度

如同对待自己的语言一般，英国人只注重于中国的贸易，全然不顾中国的语言文化，视中国文明和前人的智慧结晶于无物。对此，唐古拉斯指出，既然英国对中国的关注，远远大于英国对欧洲各国的关注，就不应只局限于中英的贸易领域，也应该效仿法国、德国和俄国，深入研究中国语言文字，借此了解中国的文化现实。

就在唐古拉斯发表演讲之时，阿礼国爵士（Sir Rutherford Alcock）正联合英国各界，酝酿中国语言文字研究的运动，力争在剑桥、牛津等名校设立汉学教授席位。

唐古拉斯在该演讲稿中，前后两次号召英国学界克服困难，加大中国语言文化的研究力度和深度，建议英国比较语文学界将汉语纳入其研究的范围。

上述可见，受到当时法国和俄国汉学发展的影响，英国学界意识到中国语言文化的类型学意义和了解中国的现实意义。可见，英国学界对中国语言文字的态度，已从原来消极的“视为无物”，转向积极的“与法国一决雌雄”的姿态，积极号召和推动汉学的研究，英国皇家学院能邀请唐古拉斯作汉学专题讲座，是为明证。

---

① 该引文的英文参见李安宅《意义学》（1934）的“弁言”，因李安宅译文与原文略有出入，故笔者采用自译，参见贾洪伟《国外语义学在中国的传播与影响》（2013）的附录 1。

② 传统安全战略是以武力部署为手段的国际角逐，而非传统安全战略是处于和平年代，维护国家安全，以语言文化、信息获取等软实力，以及由语言经济效益产生的硬实力为手段的国际角逐。

4 当时英国学界研究汉语言文字存在的问题

由于该文的主体内容已于1853年收入《大不列颠百科全书》的“中国”词条，可视为当时英国汉学家研究汉语的典型文献和代表作，因而以该文为例分析当时英国学界研究汉语言文字中存在的问题，是较为可靠的，也具备一定的基础。以前文的概述为依据，我们可将当时英国汉学界研究汉语的问题归纳为如下五点：（1）大多学者未及深入中国腹地，接触真正的汉语语境，收集具有代表性的、自然的汉语文字材料，仅依靠传教士、外交使臣和商人带回的语料为分析凭证，其自然属性、真实程度和可靠性尚不确定；（2）大多分析仅以典籍文字为主，口语实例较为匮乏，且许多实例系研究者按照所谓的汉语规律生搬硬造的，如“许他去”；（3）以欧洲普遍语法①为指引，拿欧洲诸语文法为参照，分析汉语文法现象，强硬地将当时的文言语法概括为“主—谓—宾”模式，未必能洞察汉语文法的精髓和真实面貌；（4）古汉语中是否存在欧美诸语文法意义上的离格和与格现象，尚不确定。（5）只是宏观地谈及方言与方音问题，尚未深入探讨相关问题，就粗略地说中国语言中上部调中的4个调类与下部调中的下平调，使用较为频繁，其他调类较为罕见，与广州话、苏州话的调类事实不符。

5 结语

本文虽属中国语言文字著述的个案研究，但该文用作英国皇家学院的演讲稿，也属于英国汉语教学的内容。该文不但涉及汉语词类研究中的“量词”，还探讨了汉语文法研究中的“格”，对今日汉语文法研究者丰富历史知识，不无裨益，更有益于丰富世界汉语教育史的史料。此外，本文虽然套用西洋文法研究中的普遍语法的套路，但其研究结果仍具有一定的启示意义和参考价值。

参考文献

[1] Baynes, T. S. *The Encyclopedia Britannica: A Dictionary of Arts, Sciences, and General Literature* [M]. Vol. V. New York: Henry G. Allen And Company, 1853.

[2] Douglas, R. K. *The Language and Literature of China: Tow Lectures* [M]. London:

① 普遍语法原称普遍唯理语法，系17世纪中叶法国哲学家阿尔诺（Antoine Arnauld, 1612—1694）和语言学家朗斯洛（Claude Lancelot, 1615—1695）合撰《普遍唯理语法》（*Grammaire Générale et Raisonnée: Contenant les fondements de l'art de parler*, 1660）时提出的语法概念，后于1960年代美国形式语言学家乔姆斯基声称自己初创转换生成语法的理论源头为该书，因而该书才引起欧美学界的关注和重视。有关该书的法文版和汉译版，参见 Armauld, Antoine & Claude Lancelot: *Grammaire Générale et Raisonnée: Contenant les fondements de l'art de parler, avec les remarques de Duclos*, nouvelle édition, préface Michel Foucault. Paris: Repubilications Paulet, 1660/1969，以及阿尔诺、朗斯洛的《普遍唯理语法》（张学斌译，姚小平校注，长沙：湖南教育出版社2001年版）。

Trübner & Co, 1875.
[3] Douglas, R. K. *China* [M]. New York: E. & J. B. Young & Co, 1882.
[4] Douglas, R. K. *China* [M]. New York: The Werner Company, 1895.
[5] Douglas, R. K. *China* [M]. New York: G. P. Putnam's Sons, 1899.
[6] Douglas, R. K. *China* [M]. New York: G. P. Putnam's Sons, 1901.
[7] 贾洪伟:《外国语义学在中国的传播与影响》，中央民族大学博士后出站报告，2013。
[8] 李安宅:《意义学》，上海：商务印书馆，1934。
[9] 黎锦熙:《新著国语文法》，上海：商务印书馆，1924。

The Chinese Language in Foreign Researchers' Eyes: with *The Language of China* (1875) by Robert K. Dougals as a Case

Jia Hongwei
(Capital Normal University, Tianjin Foreign Studies University)

Abstract: In perspective of historiography, *The Language of China* (1875) by Robert K. Douglas, Professor of Chinese at King's College in London and the author of "China" in *The Encyclopedia Britannica* (1853, Vol. V), is surveyed based on the method of critical analysis, to look into the status-quo of Chinese studies in then Great Britain, the attitudes British scholars hold towards Chinese studies, the methods of studying Chinese, and the content and scope Chinese studies was covering in British sinological research circles. Finally, the issues in the then Chinese studies in Great Britain are revealed.

Keywords: Robert K. Douglas; *The Language of China*; British sinology studies; survey

作者简介

贾洪伟，男，副教授，博士，博士后。主要研究方向：语言学思想汉译史、中国现代语义学史、社会语言学、翻译符号学。

写实手法的传承
——《茫茫黑夜漫游》与《萌芽》之间的互文关系

段慧敏

摘　要：20世纪法国作家塞利纳是法国文学史上“颠覆性”的代表人物之一。其代表作《茫茫黑夜漫游》中将大量的历史事实、作者的亲身经历汇集拼贴到人物身上，其近于冷漠的科学描述与医学术语的大量使用，都与左拉所提倡的“现实移植”和“科学至上”的观点不谋而合。塞利纳在《向左拉致敬》中对自然主义给予了极高的评价，同时也表明了自己作为自然主义“现代继承者”的立场。本文从互文性的角度揭示塞利纳与左拉之间写作手法的关联，从而发掘塞利纳小说与文学传统的紧密关系及其对文学史中既有文本的吸收过程。

关键词：塞利纳　左拉　自然主义　写实手法　模仿

1 前言

在《向左拉致敬》一文中，塞利纳不仅表达了对左拉与自然主义的极高敬意，同时还分析了左拉之后的文学状况，并提出了自己的世界观和文学主张。在塞利纳所处的社会条件下，左拉的自然主义已经演变成了一种政治。（Céline，1987：110）左拉在他当时的社会环境中并不需要面对塞利纳所面对的社会问题，左拉所处的时代对科学的信仰，使得作家们仍然具有“乐观”的理由。左拉相信道德，他想使有罪者感到恐惧，但不想使他们绝望。到了塞利纳的时代，人们越来越深地感受到“如今我们越是进入人类的命运之中，一切便越是变得更不可救药和更具悲剧性”（Céline，1987：113）。在塞利纳的作品中，我们看到的是彻底的绝望，是世界末日般的恐惧，亦即塞利纳所称的“自左拉之后，围绕在人类四周的噩梦不但变得清晰，而且还受到了官方的保护”。这是在独裁统治下和战争年代中所特有的精神状态和生活状态，在塞利纳的文学中则体现为对一切的反抗以及不可改变的失望情绪、对死亡的恐惧心理等。

自然主义追求绝对的客观性，崇尚单纯地描摹自然，着重对现实生活的表面现象做记录式的写照，并企图以自然规律特别是生物学规律解释人和人类社会。“写实”成了自然主义与现实主义相互联系的关键。在塞利纳的作品中，人们也同样看到“令人惊讶的事实”（Descaves，1932）：无论对战争前线、后方医院的描写，还是对非洲殖民地和美国工业化的刻画都入木三分，使读者仿佛身临其境。将塞利纳与左拉联系起来的，不仅仅是塞利纳对左拉的敬意，还有自然主义写实手法的传承。在希望和绝望之间，塞利纳通过模仿、戏拟等互文手法将写实手法发挥得淋漓尽致。由于两位作家所处的社会条件不同，塞利纳并不是简单地复制左拉的写实手法，而是将这种“写实”与战争和政治相关联，表达了深深的失望情绪，体现了鲜明的颠覆效果。

2 客观性统照下的写实手法

左拉是决定论的拥护者，自然主义强调在环境的影响之下，人物发生了各种各样的改变。在这种客观性的统照之下，左拉作品重视自然规律的影响，对人物形象的发展变化给予科学性的分析与判断。左拉这种崇尚科学、完全客观的写作方法所引出的直接结果便是人的物化，即在非人的条件下，人向非人的转变。这种转变分为两类：一类是人向无生命的事物的转化；另一类则是人向动物的转化，即人的机械性和动物性的两个极端体现。

2.1 人的麻木与机械化

左拉认为是客观环境决定了人的物化，人不是孤立的，他生活在社会中，即在社会环境中，社会环境不断地改变着现象。甚至我们最大的课题就在于研究社会对个人、个人对社会的相互作用。（朱雯，1992：139）在《萌芽》中，左拉将人比作物的描述不一而足。例如在小说的开始部分对“长命老”和他的马的描写：

> 一个赶车人正背靠着炉火站着，这是个老头，穿一件紫色毛衣，戴一顶兔毛鸭舌帽，他的那匹大黄马像一头石马站在那里，一动不动，等着人们把它拖来的六节斗车倒空。[……] 他像那匹站在那儿不怕风吹、一动也不动的黄马一样，仿佛是石头做的……（左拉，1982：8－9）

左拉为变成石头的人和马找出了一个非常切实的原因：长期的矿井劳作。在《茫茫黑夜漫游》中，塞利纳延续了左拉的手法，在描述美国工业化社会的过程中，把机器大生产环境下的人的物化刻画得更加细致入微、清楚明了：

> 工人们低着头干活，并非因为羞愧，而是屈服于噪音，有如人们屈服于战争。我们围着机器转，只知其一，不知其二。完了。到处凡眼睛看见的、双手接触的，都是硬邦邦的；脑子里即使闪过一点回忆，也变得硬如铁块，索然无味。骤然之间我们都成了垂垂老朽。[……] 必须从外部把生命扼杀，把生命铸成钢铁，铸成有用的东西。正因为对生命爱惜得不够，所以才必须把生命变成物，变成结结实实的物体，这是规律。（塞利纳，2000：312－313）

塞利纳在这里更加直接地表述出客观环境“把生命变成物”，并且认为“这是规律”。这种“规律”，正呼应了自然主义写实方法中强调的自然规律对人的影响力量。（雷蒙，1995：165）人物在环境的雕琢下变得屈从，从而逐渐地适应环境，正是“适者生存”的自然法则。为了适应机器化的工厂劳作，工人只有把自己也变成一部机器。如《萌芽》中的艾蒂安：“由于不可抗拒的习惯的力量，他（艾蒂安）一天天逐渐变成

了一部机器，已经被看作一名真正的矿工了。”（左拉，1982：138）

2.2 人的本能与动物化

在左拉的小说中，客观环境对人的物化作用还体现在人在不堪重负的情况下，动物性的本能体现出来。例如《萌芽》中描述卡特琳娜推车的场景：“她撅着屁股、两手放得很低地推车，好像马戏团里练把戏的小动物，在用四只蹄子奔跑。”（左拉，1982：42）而对一个小姑娘推车的动物化描述则更加突出了矿工们工作的艰辛：“丽迪又推起斗车，她已经累得腰酸腿软，满身泥水，挺直她那小虫子似的四肢也不得，真像一只蚂蚁在拼命搬运一个过重的东西。”（左拉，1982：55）左拉不断重复着这样的描写，矿工们终于不堪重负，在动物性的本能中，人们的反抗情绪如火山一样爆发了，罢工以排山倒海之势袭击了整个矿区，而这种力量的源泉，便是恶劣劳作条件下所激发出来的人的动物性和求生的本能。

塞利纳承袭了左拉的“动物化”描写方式，小说《茫茫黑夜漫游》的开端便出现了将人动物化的典型范例：巴尔达缪出于好奇而进入行进的队伍中，在他想出来的时候，却发生了难以想象的一幕：“我正想离开，但太晚了！在我们这些平民百姓的背后营房门悄悄关上了，我们像耗子似的被关在里面。”（塞利纳，2000：119）从此巴尔达缪的命运如一只老鼠一样随人操控着，他不由自主地进入战争中来。在巴尔达缪遭遇的第一次战斗中，他眼中的士兵同样变成没有任何力量的动物：“他（信使）直僵僵地站在斜坡上，汗水沿着钢盔扣在颌下的带子流淌，上下颌不住地打颤，断断续续迸发出尖细的叫声，犹如一条似睡非睡的小狗，身子随后又摇晃起来。”（塞利纳，2000：115）“打仗的人，正在打仗的人，不肯想象战争的后果。他们的肚子中了子弹，见到路上有破鞋，照捡不误，心想‘还会用得着’，有如在山腰里、草地上奄奄一息的羊还要吃草。”（塞利纳，2000：134）这种将人“动物化”的作用旨在说明两个方面：首先，战争条件下，所有人都变成任人宰割的动物，没有任何能力摆脱困境，随处都面临着死亡的威胁；其次，面对战争灾难，人和动物一样只有最简单的求生和逃亡的欲望。塞利纳在描写战争场景之时，不断用弱小的动物来比喻战士，旨在突出战争的残酷性和扼杀人们在战争中的希望，继而把读者带入一个完全绝望的境地，即没有边际的黑夜。在左拉的《萌芽》中，我们可以看到，由人物的机械性和动物性凸显了劳资双方的矛盾激化，但是在小说的结尾出现了资本家工程师内格尔与激进矿工艾蒂安兄弟般拥抱的场景，左拉小说中的希望在于他为这一极端的对立提供了一种和解的可能。塞利纳同样用左拉的手法通过将战争中的人物“动物化”，揭示了战争的罪恶，但不同的是，他丝毫没有为人物留下希望，主人公巴尔达缪只是不断地从一个黑夜走入另一个黑夜之中。塞利纳在对左拉写实手法的模仿的同时，又将社会问题推到了一个无法解决的境地，使人物仿佛置身于世界末日，没有任何方法可以解救。正如战争中混乱的法国社会，没有人能够找到出路。塞利纳所谓的“自然主义已经演变成了政治”的观点也由此体现了出来。

如果说左拉在创作《萌芽》的过程中还曾寄希望于道德的约束力量，那么塞利纳的小说则彻底推翻了道德，所有人都降格为动物，使人同动物一样沉沦堕落，甚至连主人公巴尔达缪的母亲形象，塞利纳也同样无情地诋毁：

> 下午，亲属们自我们住院以来第一次从巴黎赶来探望，此后每周例行来访。我给母亲写过信。她重新见到我时非常激动，哭哭啼啼的，好像一条母狗失而复得它的崽子。她大概以为拥抱拥抱我就能助我一臂之力，其实还不如母狗，因为她相信别人让她来领我的理由，母狗则不然，它只想相信自己的感觉。（塞利纳，2000：191）

当人与人之间的关系甚至不如动物与动物的关系时，主人公所面临的路只有一条：逃亡。巴尔达缪的整个旅程都是不断逃亡的过程。人的动物化也是一种促使巴尔达缪不断踏上茫茫黑夜旅程中的一个重要因素。出于对动物化的恐惧，出于作为“人”而生存的渴望，巴尔达缪的行程从未终止，然而等待他的却只有一次又一次的失望。这便是贯穿小说始终的塞利纳的写实手法：毫不隐藏地描述事实——以及在无情的事实之下人们的失望情绪。

3 忠实性统照下的写实方法

自然主义提倡忠实地记录一切、观察一切和说出一切。左拉要“写一部书，一部像巨大的挪亚方舟般的巨著：所有的人、所有的物。一切都讲到，一切都看到，一切都知道”（儒弗内尔，1988：122）。塞利纳在这一方面是左拉的后继者。在小说的开端，塞利纳便提出了“巨大的战船”的比喻：“总而言之，你的话不错，咱们同处在一艘巨大的战船上服苦役，奋臂划桨。”（塞利纳，2000：108）在这艘“什么都有”的战船上，显而易见主人公处于最低等的地位。塞利纳以甲板下面“服苦役”的人来喻指下层的平民百姓，而战争爆发后，他们的命运不可避免地卷入其中。小说中正是接着这段比喻之后，真正的战争降临，巴尔达缪也从此开始了他的军旅生涯。

3.1 性爱描写的意义

左拉曾把写作事业喻为百眼巨人和百手巨人的工作：“一百只眼睛是为了能看到一切，一百只手是为握住笔杆，记下一百只眼睛的见闻。”（丁子春，1988：159）在观察生活中所有细节、记录所有细节的同时，不可避免地涉及性爱描写的问题。性爱描写在一定程度上甚至影响了左拉的声誉，左拉遗骨迁入先贤祠之时最大的争议即在于他作品中存在大量的性爱描写，被反对者称为淫秽的作家。《娜娜》中娜娜的出场便如一个全裸镜头，左拉的代表作《萌芽》和《小酒店》等作品中也不同程度地描写了赤裸的性爱关系。《萌芽》中左拉甚至详细地描写了正面矿工形象马勒和妻子做爱的场景。郑克鲁在黎柯译版的《萌芽》译序中指出："在描写男女矿工私生活时，左拉往往运用自然主义的笔法。现实主义要求一个作家有选择地提取生活现象，描写具有本质意义的社会生活，而自然主义则主张实录生活现象，甚至实录污秽不堪入目的场景。[……] 在左拉看来，矿工的无知、粗鲁和不文明使他们做出一些纵欲或下流的动作。"（左拉，1982：13）出于自然主义"观察一切"的忠实性写实手法，性爱也成了矿工生活画面中必不可少的一个元素。然而正是这样的描写使得《萌芽》中的矿工形象显得丰富而饱满、真实而鲜活，这样一个群体是由有血有肉、有正常欲望的人组成的。在恶劣的劳动环境下、在艰苦的生活条件下，人的本能需求似乎愈加明显，性爱成了唯一可以使他们获得安慰和快乐的方式。因为生活空间的狭小，他们不得不在特殊的时间、特殊的环境中寻找性爱带来的乐趣。左拉的性爱描写有如监视器的录像镜头，模糊而又赤裸裸地展现着性爱场景，一步步直指性爱描写背后所体现出的社会问题。

与左拉的性爱描写相比，塞利纳的性爱描写似乎显得更为清晰明了。但是，这种清晰性使读者感到仿佛是在观察一场解剖实验，以巴尔达缪与劳拉的性爱场景为例，读者往往不会体会到过多的色情色彩，似乎一切都处于巴尔达缪这个医学生的观察之中：

> 劳拉的肉体对我来说是一种无穷的欢乐，抚摸这具美国肉体其乐无穷，玩不忍释。[……] 我就这么跟在劳拉的屁股后面接受新世界的信息。公正地说，劳拉不仅仅有一个可爱的肉体，还有一个可爱的小脑袋。她灰蓝的眼睛有点往眼角上翘，活像野猫的眼睛，带着几分凶相。只要正面看上她一眼，我的口水就禁不住往外流。（塞利纳，2000：151）

对于塞利纳来说，写巴尔达缪与劳拉的性爱场景，重要的不是性爱描写本身，而是"这具美国肉体"带来的"新世界的信息"："由于不断抚摸劳拉，我决定早晚要访问美国。"

巴尔达缪对美国的向往是始于劳拉的肉体，亦即始于他们的性爱过程，使巴尔达缪不断产生冲动欲望的客体并不是劳拉的肉体。经历过战争恐惧的巴尔达缪此刻回到后方，在劳拉的身上寻找到了安慰。但是真正给予他安慰的，是劳拉的身体所代表的一种希望，一个新世界的希望，正是这种希望给他恐惧的内心带来了慰藉。此时主人公巴尔达缪把劳拉所代表的美国看作摆脱"卑贱/恐怖"和现实困境的希望之乡，在此之前小说家所构建的一个充满黑暗和恐怖的战争景象，慢慢被主人公这种"插翅高翔的幻想"所冲淡。而不断地占有劳拉，则是主人公不断接收新信息的方式，亦即主人公利用美国带来的希望摆脱内心恐惧的方式。克里斯蒂娃认为，写作是一门艺术，这种艺术经验深深扎根于恐怖/卑贱之中，表述着卑贱，通过表述进行净化，成为情感宣泄的一种主要途径。（罗婷，2004：175）塞利纳通过主人公巴尔达缪这一卑贱的主体，宣泄着战争的残酷性与毁灭性带来的世界末日般的感受，而又通过劳拉的肉体带来的一丝希望推动主人公在茫茫黑夜之中继续他的旅程，直到希望破灭。

在性爱描写方面，塞利纳继承了左拉忠实性的写实手法，并将这种写法与主人公的命运相结合，使得主人公性爱观点的变化成为推动主人公继续长夜之旅的动因，达到了由性爱之中体现主人公感情宣泄，尤其是对“恐惧”感的宣泄的目的，由此表达了作者的悲观哲学和世界观。性爱描写在左拉的作品中体现了作者的自然主义科学观，在塞利纳的作品中，性爱描写同样不是可有可无的点缀，而是在塑造主人公形象、体现主人公思想的过程中不可回避的一项内容。

3.2 环境与气氛的渲染

左拉在《萌芽》的最开端通过这样一段描述为全书奠定了一种黑暗的基调：

> 夜，阴沉漆黑，天空里没有星星。一个男人在光秃秃的平原上，孤单单地沿着从马西恩纳通向蒙苏的大路走着。这是一条十公里长、笔直的石路，两旁全是甜菜地。他连眼前黝黑的土地都看不见，三月的寒风呼呼刮着，像海上的狂风一样凶猛，从大片沼泽和光秃秃的大地刮过来，冷得刺骨，这才使他意识到这里是一片广漠的平原。举目望去，夜空里看不到一点树影，脚下只有像防波堤一样笔直的石路在伸手不见五指的夜色中向前伸展着。（左拉，1982：3）

米歇尔·莱蒙在《法国现代小说史》中指出：“《萌芽》是一部伟大的书，因为除去其历史文献价值，戏剧结构以及史诗风格以外，左拉在其中表现了一个世界，一个封闭、阴郁而绝望的世界。”（儒弗内尔，1988：171）在《萌芽》全书十四章中，只有十章让人看见白天亮光，其余都是黑色的夜，黑色的矿山和煤炭，窒息和埋葬总是笼罩着这本书。（儒弗内尔，1988：171）矿工被扔在悲哀的夜和空寂的光秃秃的平原中间，为沃勒矿的魔鬼所威胁。主人公艾蒂安和卡特琳娜终于被埋葬，为黑夜所压迫，为不断上升的洪水所淹没，水弥漫了整个《萌芽》的世界。卡特琳娜喝着泡着沙瓦尔尸首的水，这完全是黑色小说中的一幕。

左拉在《萌芽》中的环境描写和气氛的渲染得到了广泛的认可和肯定。左拉笔下用于渲染《萌芽》这个“一个封闭、阴郁而绝望的世界”的所有元素——黑暗的颜色、恐怖的象征、灾难的形象、世界末日的征兆等，在塞利纳的这部《茫茫黑夜漫游》中都不乏其表现，甚至可以说《茫茫黑夜漫游》的某些段落正是《萌芽》中相同情节的等同体或延续体。例如在《茫茫黑夜漫游》中主人公巴尔达缪经历第一次短兵相接之后负伤逃跑的情节，便与《萌芽》艾蒂安独自走在从马西恩纳通向蒙苏的大路上的情节如出一辙：

> 我逃跑的时候发觉胳膊出了血，不过伤势不重，只擦破一点皮肤。可以卷土重来。天又下起雨来，弗兰德原野上道路泥泞。走了许久，不见人影，只有风与我做伴。（塞利纳，2000：117）

同样是在一片弗兰得原野上的孤独行人，对于巴尔达缪来说，除了黑夜、饥饿的威胁之外，还存在着战争中随时可能出现的死亡的威胁。这种在黑夜之中孤独行走的情节在《茫茫黑夜漫游》中屡见不鲜，似乎塞利纳也在用尽方法将自己的小说渲染成黑色。战争中的黑夜、后方的黑夜、非洲的黑夜、美国的黑夜以及巴黎郊区的黑夜把整个《茫茫黑夜漫游》串联成了一部“暗无天日”的著作，随处可以找到描写黑暗的句子：“黑夜降临，群魔乱舞，千千万万的癞蛤蟆鼓噪不休。[……] 爬虫走兽一起出动，在黑暗中寻找配偶。”（塞利纳，2000：259）甚至在自己的家里也是一片漆黑：“我家里冷冷清清，仿佛茫茫黑夜专门为我一人划出漆黑的一角”，睡觉则“睡在好似棺材一般禁锢的黑夜里。”（塞利纳，2000：372）无疑这种渲染给小说带来一种真实的力量和震撼效果。柳鸣九先生在《茫茫黑夜漫游》的译序中指出：“在这部小说里，人们通过巴尔达缪的人生旅行，也将产生同样的感慨：世界一片漆黑，到处都是沉沉的黑夜。”作为小说题诗的《瑞士卫队之歌》——“我们生活在严寒黑夜，人生好像长途旅行；仰望苍穹寻找出路，天际却无指引的明星”（塞利纳，2000：91），更表达了强烈的黑暗感，成为小说内容最高度、最集中的浓缩。

4 结语

塞利纳的《茫茫黑夜漫游》通过模仿的方式，即结构上的互文性操作方式对左拉的写实主义进行了承袭与发展。格雷马斯对于这种互文性操作方式有过中肯的论述：“实际上，互文性包含着一些独立的符号学的（或话语的）存在，在这些符号学内部，接连进行着或多或少隐性的模式构建过程、复制过程或转换过程。”（Greimas & Courtés, 1993：194）塞利纳在客观性的统照下构建出主人公被物化的命运，其中不无对于左拉已有模式的参照与复制。为了逃离这种物化，塞利纳笔下的主人公不断继续着他的旅程，客观的写实成为小说情节发展的一种推动力量。在忠实性的统照之下，塞利纳对于左拉的模仿主要体现在性爱描写与气氛渲染两个方面。过多的性爱描写是《茫茫黑夜漫游》被斥为肮脏的小说的一个主要原因，而从忠实地描述生活的角度来讲，这一点恰好印证了左拉的自然主义所遵从的原则。从环境与气氛的渲染角度来看，塞利纳所渲染的《茫茫黑夜漫游》的黑暗恰似从左拉的《萌芽》之中延伸出来。塞利纳在对左拉的写作手法模仿的过程中融入了自己的风格，使读者感受到真实性的颠覆的效果，同时又将左拉的自然主义引上了政治层面，从而使自然主义的写实手法具有了新一层的时代意义。

参考文献

[1] Céline, L.-F. *Le Style contre les Idées: Rabelais, Zola, Sartre et les autres...* [M]. Lucien Combelle (éd.). Paris: Editions Complexe, 1987.

[2] Descaves, P. Voyage au bout de la nuit [N]. *L'Avenir*, 15 nov, 1932.
[3] Greimas, A. J. & Courtés, J. *Sémiotique, dictionnaire raisonné de la théortie du langage* [M]. Paris: Hachette, 1993.
[4]〔法〕贝特朗·德·儒弗内尔:《左拉传》, 裘荣庆译, 天津: 天津人民出版社, 1988。
[5] 丁子春:《左拉》, 沈阳: 辽宁人民出版社, 1988。
[6] 罗婷:《克里斯特瓦的诗学研究》, 北京: 中国社会科学出版社, 2004。
[7]〔法〕米歇尔·莱蒙:《法国现代小说史》, 徐知免、杨剑译, 上海: 上海译文出版社, 1995。
[8]〔法〕路易·费迪南·塞利纳:《茫茫黑夜漫游》, 沈志明译, 济南: 山东文艺出版社, 2000。
[9] 朱雯等:《文学中的自然主义》, 上海: 上海文艺出版社, 1992。
[10]〔法〕爱弥尔·左拉:《萌芽》, 黎柯译, 北京: 人民文学出版社, 1982。

The Inheritance of Realistic Techniques

——The Intertextual Relationship between *Voyage au bout de la nuit* and *Germinal*

Duan Huimin
(Suzhou University)

Abstract: Céline, a French writer in the 20th century, is one of the representatives of "subversion" in the history of French literature. In his masterpiece *Voyage au bout de la nuit*, a large number of historical facts and the author's personal experiences are compiled on the characters. His indifferent scientific description and the extensive use of medical terms coincide with Zola's views of "realistic transplantation" and "science first". Céline gave a very high evaluation to naturalism in *Homage to Zola*, and also expressed his position as the "modern successor" of naturalism. From the perspective of intertextuality, this paper reveals the relationship between the different writing techniques of Céline and Zola, so as to explore the close relationship between Céline's novels and literary tradition, as well as his absorption process of existing texts in literary history.

Keywords: Céline; Zola; naturalism; realistic techniques

作者简介

段惠敏，女，博士，苏州大学外语学院教授。主要研究方向为法国当代文学、文学理论。

基金项目

江苏省社科基金后期资助项目“塞利纳互文诗学研究”（18HQ039）的阶段性成果。

《范进中举》一文的叙述特征分析

张彦梅

摘　要：符号学作为一种元语言，分析的是支撑意义的结构系统及运行规则，最终找出产生意指的内在条件。“巴黎符号学派”创建人格雷马斯在建立叙事文的叙述结构分析理论方面做出了卓越贡献。这种分析涉及表层和深层两个方面，本文将限于对表层叙述结构即“叙述特征”的探索，尝试分析《范进中举》一文中各种行为者的状态转换和其外在形象的意义效果，以便更好地把握文本分析的内在结构和发现新的意义。

关键词：符号学　格雷马斯　叙述结构分析　《范进中举》

1 引言

格雷马斯（Greimas A. J. , 1917—1992）继承了源于索绪尔的结构语言学传统，认为意义是建立在区别特征基础上的。“符号学的文本分析，说到底就是对存在于文本当中的各种区别进行辨认和描述的过程”（Group d'Entrevernes，1977：13），进而找出产生意义的内在形式系统，而任何形式都有意义，任何意义又都附着于形式。

根据格雷马斯的叙事结构分析理论，一个文本的分析通常是从表层叙述分析研究开始。表层叙述分析包括对于叙述构成成分的分析和对于话语构成成分的分析两个部分。“对于叙述构成成分的分析，就是进行状态和转换的标记工作，以及用接序的方式严格地再现这些状态和转换的差异与区别。对于话语构成成分的分析，就是说明文本内容在文本的接序中所呈现的外在形象，从而依据这些形象找出主题角色和意义效果。”（Group d'Entrevernes，1977：9）格雷马斯通过这样一种科学的内在结构研究，使得文本的符号学分析呈现了较大的动态性。

本文拟通过分析选自清代作家吴敬梓的小说《儒林外史》中《范进中举》一文的叙述特征，来更好地理解格雷马斯的结构分析理论。

2《范进中举》中的状态和作为转换

在对于叙述构成成分的分析中，标记状态和转换的工作，就是将文本中具有区别性的施事者联系起来，从而产生意义。这里需要指出的是一个施事者（acteur）可以承担一个或多个行为者角色（rôle actantiel），并在叙述分析中占据某个角色位置。这些链接在一起的角色位置，便组织起意义内在系统的结构程式。格雷马斯将状态和转换的区别归纳为表示状态的存在（être）和表示行动的作为（faire）的区别。因此，在进行对于文本的叙述构成成分进行分析时，我们首先要建立状态陈述和作为陈述，即建构在词语表现之下不同要素之间的状态和转换状况。

在这种分析中，我们需要建立人物（有时也等于行为者①）之间的相互关系，搞清楚状态和转换的接序。这里涉及的最基本的构建要素就是叙述性陈述（句子），这种陈述包括两个最基本的要素即状态陈述和作为陈述：状态陈述表现为主体（S）和对象（O）之间的关系。需要说明的是，主体并不是文本中的某一个人物，对象也不是某一件东西。他们是角色，是具有相互关联的角色位置即行为者角色。他们之间的附连关系（Jonction）包括合取状态（SΛO）和析取状态（SVO）：合取即为拥有，析取则反之。作为陈述，它是从一种状态到另外一种状态的转换过程。它体现为两种转换：合取转换（SVO→SΛO）、析取转换（SΛO→SVO）。为在文本分析中更好地确定主体与对象的内在关系和转换，我们用叙述程式（Programme Narratif：PN）简洁地将意义的不同内在结构连接起来。这种程式建立在主体与对象的关系和其作为转换的基础上，是一种用来描述状态与转换的接序程式，最终可以将文本分析进行有逻辑的分节式地链接。叙述程式可包括四个阶段：操纵（Manipulation）—能力（Compétence）—实施（Performance）—确认（Sanction）。需要注意的是，所阅读和分析的文本不一定同时都具备这四个阶段，而能力和实施阶段却是状态和作为转换的必需。叙述程式主要围绕“实施”来建立，并带动起各种转换。

我们来看一看在《范进中举》这一文本中，叙述程式的这四个阶段是如何展开的。

《范进中举》描写范进参加乡试，最后中了举人的故事，刻画了他因科举中榜喜极而疯的状况，介绍了在中举前后个人、家庭和周围人反应的重大变化。根据《范进中举》的词语表现，我们看出，文本中的状态主体范进与和他相互关联的价值对象“举人的位置”前后发生了变化，最终的状态陈述为范进【主体（S）】和“举人”【对象（O）】实现了合取（SΛO）。在这个过程中，主要的作为陈述是从范进未中举的状态到范进中举的状态的转换，即从析取到合取的转换（SVO）→（SΛO）。因此，主要的叙述程式为F（S）⇒［（SVO）→（SΛO）］，这一叙述程式又可分为前后两个二级叙述程式，意指的内在系统便蕴含于其中。

我们首先分析一下范进中举之前和中举时的叙述程式，我们将其确定为PN1，其叙述程式的四个阶段分别是：

第一阶段，操纵。此阶段全部的操作都归于“使做……”它涉及操作主体和发送者之间建立的契约关系，是启动叙述程式的阶段，目的在于使得操作主体实现其主张。节选的文本在开始时讲的是范进进学，这是前一叙述程式的确认阶段与此文本叙述程式的操纵阶段的连接，也就是从一种叙述程式的结束到另一个叙述程式的开始。在这一过

① 一个行为者可以化身为好几个施事者，反之，一个施事者也可以对应好几个行为者。（格雷马斯，2005：54）

程中，叙述程式的最终状态是“范进是秀才”。

一方面，“胡屠户”（范进的丈人）作为解释主体1对范进进行前瞻性的解释行为，确认范进【主体（S）】表面上和“秀才”【对象（O）】是合取了，但是家庭生活条件还是丝毫没有改变，自己的女儿还是过着穷苦的日子，而且实际上“秀才”并没有任何实质意义，所以其状态陈述的模态位置是“看起来不是”+“内在上不是”=“虚假”。因此，“胡屠户”作为发送者或者操纵者在范进继续准备乡试去借钱的时候，斥责、嘲笑和辱骂，不承认范进的能力，让范进“不要痴心妄想，寻一个教书的事做，养活老娘和老婆”，对操作主体范进给出了一个消极的评价。不过，这种消极评价客观上也成了促使范进暗下功夫的动力，这是从反面起着“操纵”作用；另一方面范进作为解释主体2，所做的前瞻性解释并确定其状态陈述的模态位置为“看起来不是”+“内在上是”=“秘密”。范进潜在性地早做了准备，是有能力做的，因此在其操纵阶段的论争关系中开始启动了文本主要的叙述程式。但是，“胡屠户”的不配合态度并没有影响到后来范进的能力阶段和实施阶段，所以此叙述程式的真正发送者是潜在的发送者范进。

第二阶段，能力。此阶段在于指出作为陈述的模态化过程（Modalisation）。一如状态主体与价值对象存在的关系那样，模态过程就存在于确定操作主体与自身行为之间的关系之中，不同句子正是通过基于两者之间的关系来表达其不同的意指，叙述分析中将此称为作为模态化（Modalisation du faire）。这种模态化，简言之就是体现在可以改变操作主体的谓语动词方面，即模态动词，比如应该、希望，能够、懂得等。操作主体的模态化是与为了实现实施阶段能力的获得相一致的，而使操作主体发生模态化转换的，就是操纵阶段的发送者。

经过对第一阶段的分析，我们知道，两个存在论争的发送者是“胡屠户”和范进，最终范进成了真正的发送者，也就是此阶段的模态主体。由于基于对前 叙述程式（节选的文本中并未出现其过程）最终和“秀才”合取的认知，此操作已完成，证明实施操作的“火候已到”，于是范进认为“应该做”乡试考试，并且“想要”得到举人的位置，因此便“和同案的朋友做了几个文会”。此时操作主体范进和模态对象——“应该做”和“想要做”实现了合取。为了和价值对象区分开，操作主体与模态对象的合取或者析取关系都会构成一种能力。因此操作主体范进在此阶段能力的建立，其行为模态是潜在性的，是主体行为制定未来计划的阶段。此模态的程式分析可以是这样的：$F(S) \rightarrow (S1 \wedge Om)$。Om代表模态价值，S1代表操作主体范进，S代表操纵阶段的发送者即模态主体，箭头表示传递，此时的主体范进是“应该做”和“想做”的结合，是主动地服从自己的意愿。我们通过这两种模态位置的确定，很容易发现范进对实现最终状态的主要转换有很强的主动性，这种能力建设对于范进实现与价值对象的合取是非常必要的。

第三阶段，实施。此阶段，是“使成为……”分析的是操作主体和状态之间的关系，是确定状态主体是否获取价值对象的过程。所选文本的状态主体范进，是从一种析取状态到一种合取状态的转换。其词语表现为一种论争性，可用聚合关系原则和组合关系原则来分析状态转换：

聚合关系原则，也叫对立性原则。“对一个主体来说，所有的合取转换都对应着另外一个主体的析取转换。”（Group d'Entrevernes，1977：23）因此文本中范进得到“举人”的位置，就意味着这个位置在其他竞争者方面的失去，体现为叙述转换的论争特征。因此，操作主体范进和潜在的操作主体“同参加乡试的秀才”之间存在对立。所以，范进已完成的“中举”的转换就是对反操作主体的战胜，说明操作主体范进具备了能力，而反主体就意味着失去这个位置。这是一种传递性操作，也称为失去过程。

组合关系原则，也叫接序性原则。对于一个状态主体来说，其各种状态转换是逻辑地连接在一起的。状态主体范进最开始的状态，是与“举人”处于析取的位置，后来则是处于“合取”的位置。在此，操作主体和状态主体是同一的。范进最终为自己获得了价值对象，这是一种自反操作，我们称为占有过程。

因此，从范进角度来说，我们用叙述程式来说明其叙述陈述转换为合取关系的过程：F（S3）⇒［（S1VO）→（S1ΛO）］。S1 代表状态主体范进，S3 代表操作主体范进，S3 = S1。范进最终经过操纵和能力阶段，实现了和价值对象“举人”的合取。

第四阶段，确认。“在最终完成状态转换后，就需要一种解释行为，确认第一阶段的发送者和操作主体的契约是否完成，从而判断这种转换是真实的、是虚假的，还是谎言的和秘密的，这是一种最终结果的确认。”（Group d'Entrevernes，1977：41）符号学中将这种资格确定称为状态陈述的模态化。像行为的模态化具有模态价值一样，状态陈述的模态化也有模态价值，他们分别为“看起来像”和“内在上是”。“看起来像”出现在显现层面上，“内在上是”出现在内在层面上。这些在符号学被称为“诚信范畴”，我们可用符号学矩阵来找出其相应位置：

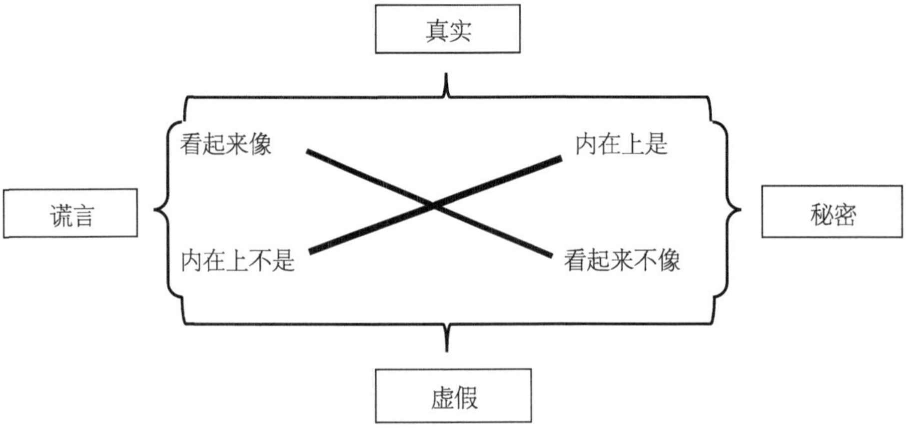

图 1

这种诚信范畴，是由模态主体即解释行为主体，亦即第一操纵阶段的发送者来进行模态位置确认的。他评估和确认第二阶段和第三阶段的操作主体是否完成了在第一阶段与发送者建立的契约，这个阶段也是荣誉考验或者是确认荣誉的阶段。

通过上述分析得知，同为发送者和操作主体的范进需要由自己来确认是否实现愿望。发榜之日，范进因家中无米，便去集上卖生蛋的母鸡。报录人来家贺喜说“范进中举了”，乡邻便去寻找范进。范进不信中举，因为乡邻们平时对他不乏奚落，而且并非报录人直接前来找他，所以范进认为是哄骗。最后范进被乡邻拉回家，看见报录贴“捷报贵府老爷范讳高中广东乡试第七名亚元”，两手拍了一下，说“噫！好了！我中了”。此时的范进是完全相信自己“中举”了。不过，他却乐极生悲，因此“疯”了。从精神分析学上讲，这种“疯”属于一种“冲动”的“反向颠覆”结果。对此，我们不做进一步的阐述。这时候的范进无法解释由自己建立的契约是否完成。但是，如何使其恢复正常，众人有着各种猜测和建议，所以有了后来出现的各种状态和作为转换。

因此，第二部分就展开了。我们要进行范进中举后的叙述分析，并用叙述程式 PN2 来表示，看一下最终范进是否和其价值对象“举人的位置”实现了真正的合取。我们同样按照上述的四个阶段来进行。

第一阶段：操纵。首先找出文本中是哪个行为者角色进行操纵来说服行为主体的。我们从上面的分析看出，状态主体范进和价值对象“举人的位置”处于合取状态，但因为外在表现为“疯”的状态，无法以正常人状态出现。为此，“众人”各抒已见，一起想主意解决范进“疯”的状态，最后的主意是让范进最害怕的人——老丈人“胡屠户”——打他一巴掌便好。此时“胡屠户”内心表现为一种论争状态：“胡屠户”难于打这一巴掌，因为范进是他的女婿，而女婿这时已经是“老爷”的身份，是“天上的星宿”。但是众人认为这一巴掌必须由“胡屠户”来打，以使范进从“疯”的状态中清醒过来。因此，在这一阶段，“众人”和“胡屠户”都是操纵主体和发送者，都是为了使操作主体范进获取与能力相匹配的模态对象，最终实现和价值对象“举人位置”的真实合取。

第二阶段：能力。在“众人”和“胡屠户”共同作为发送者的努力之下，操作主体范进清醒了，自然而然获取了“举人的位置”。位置，作为“半—象征符号”，本身就带有着一定的能力。因为根据明清的科举制度，中了举人也意味着一只脚已经踏入仕途，日后即使会试不中也有做官的机会。此位置就是模态对象，于是，他就具备了“能做”和“懂得做”的两个模态价值，属于现时性模态。这两个模态价值决定了操作主体的行为方式和作为能力。“懂得做”是预见和安排以完成叙述程式的必要操作，“能够做”是操作主体根据其位置做出的相应的行为，这样就从第一部分的叙述程式中的潜在性模态转换到了现实性模态。这两个能力的获得就是一种资质获得，这对实现主要叙述程式是非常必要的。因此，范进获取了这两种能力，在文本中，其词语表现就是“范举人先走，屠户和邻居跟在后面”，“拜了母亲，也拜谢丈人，又谢了邻居”。范进知道尊卑礼仪，在“张乡绅”来了之后，“范进迎上去，平磕了头，分宾主坐下”，愈发说明了范进处于“举人的位置”，便懂得了官场上的规则礼仪。

操作主体范进的行为的模态化，鲜明地刻画了其行为特性。我们通过对于同一操作主体范进前后变化的对比，可以看出科举制度让更多像范进这样的读书人为获得现实性模态需要经历了多少次惨烈的潜在性模态，而更多的人是仍然处于“想做”却“不能做”的矛盾挣扎之中。

第三阶段：实施。操作主体范进最终获得了价值对象——“举人的位置”和外在的“钱财”“产业”等的“物质需求”，从“清贫”到“富有”。那么，此阶段的状态转换是：F（S）⇒［（S V O）→（S Λ O）］。S 代表操作主体和状态主体范进，O 代表和举人身份对应的“富裕的物质”。操作主体在能力阶段的“能做”和“知道做”，使得范进与“富裕的物质”从析取到合取实现了转换。

我们刚刚分析的，是实施阶段的主要合取叙述程式。这一过程还表现为“胡屠户、张乡绅和众乡邻”的自愿性放弃和范进在“钱财和产业”方面的拥有。我们可以从以下两个方面得到进一步的分析：

从合取实施方面来看：“胡屠户、张乡绅和乡邻”作为操作主体扮演一个施事者的角色，使得状态主体范进由最初的状态——没有“物质”到最后与“富裕的物质”实现的合取状态。此时的他们，部分“物质”从有到失，这种转换是一种自反操作，我们称为自愿性地放弃，也被称为“赠与”。

在以上分析的基础上，我们通过深层次的挖掘发现，在这种转换过程中出现了两个价值对象和两个主体。价值对象 1（O1）为“范进举人的位置所代表的利益关系”；价值对象 2（O2）为“胡屠户、张乡绅和乡邻的物质钱财”。主体 1（S1）为范进，主体 2（S2）为“胡屠户、张乡绅和乡邻”，因此我们得出以下三个程式：

1. F(S3)⇒［(O1 V S2 Λ O2)→(O1 Λ S2 V O2)］
2. F(S3)⇒［(O1 Λ S1 V O2)→(O1 Λ S1 Λ O2)］
3. (S1Λ O1 V S2)→(SI Λ O1 Λ S2)

第一个程式为“胡屠户、张乡绅和乡邻”使自己的状态和价值对象“与范进举人的位置代表的利益关系”实现了合取，和自己与“物质钱财”实现了析取；第二个程式为“胡屠户、张乡绅和乡邻”使范进和“物质钱财”实现了合取，用自己位置代表的利益关系去进行了交换。所以我们引出了第三个程式，我们的分析如下：

通过两个程式的分析发现，操作主体“胡屠户、张乡绅和乡邻”（S3）将“物质钱财”自愿性赠予，使得两个主体在两个价值对象的交换中达成协议，我们称为交换的相关方的置信契约。然而这种交换存在一种特殊性，因为它并没有使得状态主体 1【范进（S1）】失去价值对象 1【“范进举人的位置代表的利益关系”（O1）】，而是最终同时和状态主体 2【“胡屠户、张乡绅和乡邻”（S2）】共同拥有，这就是参与性传递。这样最后他们在认知上达成了契约，实现了共赢。

第四阶段：确认。此阶段由第一阶段的发送者——“众人和胡屠户”——来解释范进和“举人的位置”，确定其状态陈述的模态化。这时的“胡屠户”认为范进是“老爷”和“天上的文曲星”；“众人”也一直奉承范进，“田产、钱财、奴仆”这些外在的词语表现证明了“范进所处的举人位置”。此时其模态价值为“看起来是” + “内在上是” = “真实”，实现了置信关系的完成。范进作为操作主体和状态主体的同一施事者，从“范进中举”的状态到“范进中举之后”，其模态转换为（S Λ O）→（S Λ O）。范进和价值对象的合取及合取后的结果，揭示了范进这一人物所代表的科举制度之下取得功名后的独特发展。

通过以上叙述分析，两个叙述程式接续在一起，使得状态主体范进最终和“举人的位置”实现了真实的合取。两个叙述程式 PN1 和 PN2 都有着相同的人物，围绕的都是状态主体范进和价值对象“举人”之间的关系转换。那么“从种种基本链接出发，提出其横向组合结构，再把叙述话语联想成细密的关系网，网中充满了各行为者角色，各行为者角色或聚或散地表现为施事者，那么基于横向的叙述程式演绎，则可以从纵向分析其外在形象，就可以说明话语生成意义的路径和机制”（格雷马斯，2005：57）。

3《范进中举》的形象性行程

在文本分析中，格雷马斯的话语分析理论也为我们提供了探讨语言表层一般性问题的钥匙。由于行为者角色在叙述程式中实现了状态和实施的转换，这让叙述平面和话语平面的内在关系变得紧密，最终实现了意指活动在两个平面间的碰撞。对于符号的描述，永远都是从外在形象（figures）过渡到行为者角色，外在形象作为内容的单位，承担着修饰行为者的角色和为其充实的功能。通过词素的外在形象，在阅读分析文本中可感知其在文本中的含义，并根据语境不同所实现的各个方面来确定具体代表的意义。总之，外在形象的分析局限于词素的分析。所选文本——《范进中举》，因范进的主题角色转换而变得复杂（见图2），“主题角色在为自己抓取外在形象，并将其发展成为外在形象行程”（尤瑟夫·库尔泰，2001：94），并有其他人物在承担着叙述程式中必要的行为者角色（见图3、图4）。接下来我们一一展开分析，以探索出行为者角色的外在形象演绎。

施事者	行为者角色
范进	✍PN1 和 PN2 中的状态主体； ✍PN1 和 PN2 中的操作主体； ✍PN1 中的操纵主体； ④PN1 和 PN2 中的模态主体。

图 2

叙述程式 1 ：PN1——范进成为“疯”的举人		
操作主体	胡屠户	范进
操纵	使不做（SV O）	使自己做（SV O）
能力	不认为能做	①应该做 ②想做
实施	训斥辱骂范进	范进中举，“疯了”

图 3

叙述程式 2 ：PN2——范进成为举人老爷				
操作主体	众邻居	胡屠户	范进	张乡绅
操纵	劝说胡屠户打疯了的范进，使其清醒	/	/	/
能力	①想做 ②应该做 ③懂得做	①应该做 ②不想做 ③不能不做	①能够做 ②懂得做	①能够做 ②懂得做
实施	赠送，给予物质钱财	给予钱财，并打醒“疯了的”范进	获得举人位置和钱财	赠送，给予物质钱财

图 4

上述列表，让我们看到了各个施事者在叙述程式中所占据的位置，但我们还不知道支撑其骨架的外在形象是如何表现的。格雷马斯的符号学理论告诉我们，文本中出现的各种外在形象就如同文本所展现的各种词素，他们有关联地组织在一起，形成了外在形象网，这样就构成形象性行程。它是由词素所提供的形象，依靠义位行程（parcours sémémique）联系在一起的，其关系可表现为上下位词关系：词素的外在形象（figures lexématique）→外在形象行程（parcours figuratif）→话语外形（configuration discursive）。一篇文本中不同的形象性行程链接起来，就会将不同的主题角色组织起来，最后构成话语外形，这就是我们通常所说的“中心思想”。从某种程度上看，这就是对于叙述程式的充实和解读。这种实践过程，需要找出文本中的叙述程式是借助哪些形象性行程来显现的，并最后将找出的所有形象行程进行组织、汇总，以形成意指集合体。

根据以上对《范进中举》中的 PN1 和 PN2 的分析，我们可以感知文本的话语外形是范进对“举人”地位的占有。通过范进社会地位的前后对比，着重刻画了古代科举制度下范进癫狂的丑态和其他主题角色趋炎附势的嘴脸。我们可用上下位词来表示，见图 5：

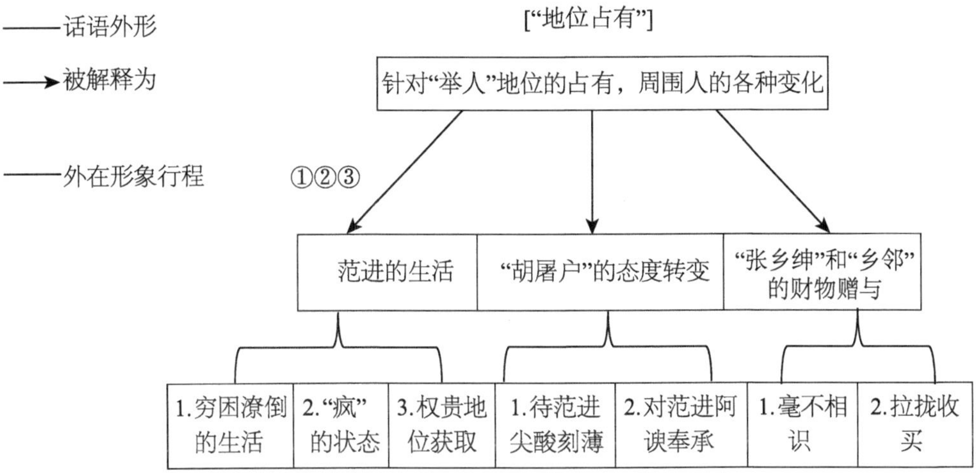

图 5

首先来分析外在形象行程（①）——范进中举前和中举后的生活变化，我们通过文本中的各种词素呈现，就一目了然了。

范进个人称谓的变化：中举前，"胡屠户"口中"现世宝""烂中厚没用的人""癞蛤蟆想吃起天鹅肉""尖嘴猴腮"，这些词素组成的外在形象为范进是"不成器，相貌丑陋的人"；中举后，"胡屠户"口中"天上的星宿""天上文曲星""贤婿老爷""才学又高，品貌又好"，让我们看出，范进中举后，"胡屠户"对于女婿的用词与中举前的词素表现截然不同。胡屠户的凶暴粗鄙、尖酸刻薄和后期势力讨好的嘴脸跃然纸上。本是普通的读书人，被丈人重重地摔在地上，却因功名的获得而被高高地捧上了天。"功名"二字，让人物情节更加戏谑。

范进个人行为的变化：中举前，对"胡屠户""作揖""唯唯连声""岳父见教的是"，又转而"拜拜乡邻"。其外在形象是范进对"胡屠户""尊敬和敬重""不敢作为、马首是瞻"，以及对"乡邻"的"讨好"；中举时，他"看了一遍，又念一遍"，"两手拍了一下，笑了一声"，"往后一脚跌倒，牙关咬紧，不省人事"，"散着头发，满脸污泥、鞋都跑掉了一只，口里叫到'中了！中了！'"。其外在形象表现为中举喜极而疯的状态；中举后，被"胡屠户"一巴掌打醒之后，范进"绾了头发，借了一盆水洗洗脸"。"范举人先走，屠户和邻居跟在后面"，"拜了母亲，拜谢丈人，又谢了邻居"。其外在形象刻画出范进作为士人的礼貌行为，表现出他对"胡屠户"不再是"害怕"，是处于一种懂得如何去做的状态。这前后话语形象对比，生动地刻画了这个迂腐无能、怯懦麻木的范进为功名利禄而神魂颠倒的形象；中举后则表现出仪表堂堂、处事有方的君子形象，为人所不齿。

范进家庭生活的变化：中举前，"十几年，不知猪油可吃过两三回哩"，"出榜那日，家里没有早饭的米"，"范进的母亲""已是饿得两眼都看不见了"，"卖鸡去救命”，其外在形象表现为范进“窘迫艰难的家庭生活”。他是生活在最底层的没有生活来源的士者；中举后，“乡邻”赠予“鸡蛋”“白酒”“背了斗米”；“胡屠户”“提着七八斤肉、四五千钱”，“张乡绅”“贺仪五十两”、赠予“空房一所”。其外在形象表现为“举人位置”带来的巨大物质财富变化，原本艰辛的生活变得富裕起来，钱财不断而且又有了广泛人脉。范进一家穷途末路的生活画上了句号，和张乡绅、乡邻赤裸裸地进行着权钱交易，范进变得虚伪奸诈、贪得无厌。“权力”和“金钱”作为交易的载体，一旦得势，便赋予拥有者以能力，使得他们在其中如鱼得水，失去便意味着苦涩和艰辛的生活。

范进和“举人位置”的真实合取，让他的生活出现了翻天覆地的变化。范进将自己20到54岁的岁月都押在科举这座“独木桥”上。考取功名，无疑是出身贫寒、生活困苦的人改变人生命运的一条路。一旦中举，35年的折磨摧残、35年的忍辱偷生、35年的辛酸，都在“疯”中爆发出来。科举功名毒瘤至深，害人不浅。

其次，是“胡屠户”的外在形象行程（②）。上面已经对“胡屠户”对范进称呼的改变做出分析，其行为变化的外在形象表现为：中举前，“胡屠户”对范进骂了一个狗血喷头；中举时，为救疯了的范进“却是不敢做打范进一巴掌这样的事”。后来范进被打醒之后，“见女婿衣裳后襟滚皱了许多，一路低着头替他扯了几十回”。其外在形象表现出“胡屠户”的惺惺作态，读者更是看到了其自私自利、趋炎附势、嫌贫爱富的丑态。

最后，是“张乡绅”和“乡邻”的外在形象行程（③）。中举前，“胡屠户”口中的“老爷”是“天上的文曲星”，是像“城里张府上那些老爷，都有万贯家私，一个个方面大耳”的人物。“张府的老爷”通过“城里”一次更是表现出高不可攀的形象；范进中举之后，“张乡绅”这一人物的出现，其地位的外在形象表现为“下轿”“纱帽”“葵花色圆领”“金带”“皂靴”。配饰、穿戴自古作为身份等级的象征，无不凸显出“张乡绅”官僚身份的高贵，显现出封建制度下的等级分明。就是这样身份高贵的“张乡绅”，也来为范进中举之事道贺，声称“同在桑梓，一向有失亲近”，与无亲无故甚至之前没有一面之识的范进拉近关系，一出榜便“查题名录，是亲切的世弟兄”。他们的关系越拉越近，使丝毫没有任何关系的人际关系网，因“中举”而在“权力”和“地位”上变得紧密起来。“张乡绅”为笼络范进，增加其势力关系网，赠银送房。至于乡亲邻里，对于中举后的范进也是百般巴结：“乡邻”谄媚、趋炎附势，“送田产，送店房，投身为仆，图荫庇”。这种情况生动形象地刻画出了张乡绅和乡邻的攀附心理，以巩固和扩大自己的势力范围。张敬斋和乡邻丑陋的形象，显现出封建社会的世态炎凉、人情冷暖。由此可见，功名带来的利益，具备一种能力，可以让范进在关系网中游刃有余，彼此即使互不相识也会在利益的驱使下亲密起来。

那么，话语分析，在纵向聚合关系中又是如何充实叙述程式的呢？在下面列表做了总结，可以让我们看出每个叙述程式中各个行为者角色的外在形象行程：

叙述程式	外在形象行程
PN1（范进和“举人位置”未真实合取）	范进穷困潦倒的生活 范进“疯”的状态 “胡屠户”待范进尖酸刻薄 “张乡绅”和范进毫不相识
PN2（范进和“举人位置”真实合取）	范进权贵地位的获取 “胡屠户”对范进阿谀奉承 “张乡绅”和“乡邻”对范进拉拢收买

图 6

通过图 6，我们清晰地找到了整个意蕴整体的意义效果：状态主体——范进，最终占有功名位置，并且带来种种生活上的变化。该文通过岳丈胡屠户在范进中举前后表现的不同行为和言语、邻居在他中举后前呼后拥和乡绅慷慨赠予等事例，极好地点画出一种趋炎附势、热衷仕途、好官名利禄的可悲的社会风气。因此，“功名”就成了历代文人所追求的一种“价值对象”。而在获得“功名”之后，它便具有了一种能力，并由此可以获得物质利益，它是“想做”和“能够做”的集合产物。科举制度下的士绅心态，因“功名”代表的区别性和特殊性，使得像范进那样五六十岁还在为进学、中举而拼搏的比比皆是，绝大多数士子都难以挣脱科举的诱惑和束缚。那么反观现在的“功名”是否和古代一样具有同样的作用呢？我们通过对于《范进中举》一文进行的叙述结构和构成结构的分析，并将从这种分析所得到的意义效果与当今某些人的一般追求做一下比较，不难发现，两者之中还是有着某些相似性的，而目前所揭发出来的一些贪官无不是与范进走着相同的路。我们由此也就能更加明白中国共产党十九大报告中要求全党坚持全面从严治党、深挖腐败根源、深入推进反腐败斗争的重大意义了。

4 结语

我们对《范进中举》进行的叙述结构和文本构成结构的分析，是将各个行为者置于叙述程式和主题角色之中，是为找出范进这一主体获得价值对象——“举人位置”——的系统的支撑依据。科举制度下的社会丑态，通过前后两个叙述程式的相关外在形象行程的不同层次的对比，更好地显现了出来。

传统的文学批评在谈论已知文本时，常常把生平的、历史的、心理的、风格学的观点混在一起，以便找出确定的意义。符号学与此相反，它将对意指的探索按照不同的层面（表层和深层）来进行，以便制订构成这些层面的单位统计表，以一种比较科学的程式分析法找出其内在结构。由此文本的各个构成要素之间，在组合方面和聚合方面的各种关系中便产生了意义效果。可见，结构分析照样可以有助于发掘文本的历史、社会、文化的意义。这是一种新的方法论，我们期待能够进行更多、更深层次的认知，将其更多地运用到文学的文本分析中，以帮助我们更好地理解经典。我们也期待巴黎符号学学派的研究会为中国的文学分析提供新的科学理论工具。

参考文献

[1] Greimas, A. J. *Du sens* [M]. Paris: Seuil, 1970.

[2] Group d'Entrevernes. *Analyse Sémiotique des textes* [M]. Lyon: Compo-System, 1977.

[3] 陈美林:《〈儒林外史〉人物论》, 北京: 中华书局, 1998。

[4] 〔法〕A. J. 格雷马斯:《论意义（下册)》, 吴泓缈, 冯学俊译, 天津: 百花文艺出版社, 2005。

[5] 顾鸣塘:《〈儒林外史〉与江南士绅生活》, 北京: 商务印书馆, 2005。

[6] 吴敬梓:《儒林外史》, 北京: 人民文学出版社, 2017。

[7] 〔法〕尤瑟夫・库尔泰:《叙述与话语符号学》, 怀宇译, 天津: 天津社会科学出版社, 2001。

The Narrative Analysis of *Fan Jin Zhong Ju*

Zhang Yanmei

(Université Lumière Lyon 2)

Abstract: Semiotics, as a meta-language, analyzes the organizational system and the operating rules, that support the meaning. Ultimately we could find out the internal conditions that generate the meaning. The founder of the Paris School of Semiotics, Greimas, makes outstanding contributions to establish narrative structure analysis theory. The analysis involves both the surface and the deep levels. This article will be limited to the exploration of the surface narrative structure, that is, the "narrative features", and attempts to analyze the state transitions of various actors and the meaning effect groups of the figures in *Fan Jin Zhong Ju*. The purpose of this analysis is to know better the internal structure and to discover the new meanings.

Keywords: Semiotics; Greimas; narrative structure analysis; *Fan Jin Zhong Ju*

作者简介

张彦梅，女，里昂第二大学博士研究生。主要研究方向：法国符号学、法国文学。

基金项目

本文为中国留学基金委委员会财政支持的国家建设高水平大学公派研究生项目（与法国里昂大学高等教育集团合作奖学金）的阶段性成果。

译文选登

论翻译的语言学问题①

罗曼·雅可布森 著　贾洪伟 译

据罗素（Bertrand Russell, 1872—1970）所言，“除非具备有关奶酪的非语言知识，否则谁也无法理解‘奶酪’这一词汇”②。然而，如果我们遵循罗素的基本准则，将“侧重点放在传统哲学问题的语言层面”，那么，我们就必须断言：除非熟悉英语词汇代码赋予这个词的含义，否则任凭谁也无法理解“奶酪”这个词。如果一个来自不用奶酪烹饪的饮食文化者意识到：在（英语）这一语言中，奶酪意味着“用凝乳做的食物”，如果他在语言上至少对“凝乳”有所了解的话，就会理解英文词汇“奶酪”。我们从不吃希腊罗马神话中的蜂食或花蜜，而仅是在语言上熟悉“蜂食”“花蜜”“上帝”（即这些蜂食在神话中的食用者）；尽管如此，我们理解这些词汇，且晓得在哪些语境中可以使用每一个词汇。

“奶酪”“苹果”“花蜜”“熟悉”“但是”“仅仅”这些词汇的意义，以及任何词汇或短语的含义绝对是一种语言，抑或更为精确且不那么狭义地说是一种符号事实。对于那些将意义（signatum，即所指——译者注）并非赋予符号，而是赋予事物自身的人来说，最为简明且最为真实的论点就是谁也未曾闻过或尝过“奶酪”或“苹果”的意义。没有能指（signum）就没有所指（signatum）。倘若不借助言语代码，我们无法凭借非语言层面对干酪或软质乳酪的了解就推断出词汇“奶酪”的意义。为了引入一个生词，我们需要一系列的语言符号作为辅助。光凭借手指指指点点并不能让我们晓得“奶酪”是特定样本的名称，还是任何一盒软质乳酪或一般意义上的软质乳酪，抑或是任何奶酪、任何奶制品、任何食物、任何点心，也或许是任何不论装着什么东西的盒子。最后，一个词是简单地命名所涉事物，还是涵指一个意义如要约（offering）、销售（sale）、禁止（prohibition）或诅咒（malediction）呢？（实际上，在某些文化中，尤其在非洲，指指点点可能意味着诅咒，是一种不祥的手势。）

对我们身为语言学家兼普通词汇使用者来说，任何语言符号的意义就是将其翻译为某一更深层次的替代符号，尤其是如皮尔士作为符号本质最为深入的探究者所一直断言的“更为全面发展的”符号。③一旦需要更高级别的明晰度之时，术语“单身汉”（bachelor）

① 该文出处信息为 Jakobson, Roman. 1959. On linguistic aspects of translation. In Brower, Reuben A.（ed.）. *On Translation*. Cambridge, MA: Harvard University Press, pp. 232－239. 另外，脚注中举凡未加“译者注”标识的注释，均为原文尾注，特此说明。

② Russell, Bertrand. 1950. Logical positivism, *Revue Internationale de Philosophie* 4（18）: 3。

③ Cf. Dewey, John. 1946. Peirce's theory of linguistic signs, thought, and meaning, *The Journal of Philosophy*, 27: 91。

都可以转化为一个更为明晰的所指（designation）“未婚男”（unmarried man）。我们区分了三种阐释一枚言语符号的形式，即可以翻译为同一语言的其他符号、另一门语言，或另一个非言语符号系统。此三类翻译被赋予不同的称谓：

（1）语内翻译（intralingual translation）或*重述*（rewording）是运用同一门语言的其他符号阐释言语符号；

（2）语际翻译（interlingual translation）或*翻译本体*（translation proper）是运用某一其他语言阐释言语符号；

（3）符际翻译（intersemiotic translation）或*嬗变*（transmutation）是运用非言语符号系统的符号阐释言语符号。

一个词汇的语内翻译或是使用另一个或多或少同义的词汇，抑或诉诸一种迂回话语。然而，通常来说，同义词并非完全等同，如“每个独身者（celibate）都是一个单身汉（bachelor），但并非每个单身汉都是独身者”。一个词汇或一个惯用的短语——词，即一个最高界别的代码单位，只能通过代码单位的一个等值组合，即指称这一代码单位的信息加以完全阐释，如“每个单身汉都是一位未婚男，且每一位未婚男都是一位单身汉”，抑或“每一位独身者注定不结婚，且每一位注定不结婚的人都是独身者”。

同理，在语际翻译层面，代码单位之间通常不具有完全的等值性，而信息可以充当外来代码单位或信息的充分阐释项。英语词汇“奶酪”不可能完全等同于标准的俄语同拼异音异义词“干酪”（сыр），因为凝乳干酪（cottage cheese）虽然是一种奶酪，但并非一种干酪（сыр）。俄语说：“принеси сыру и творогу.”（bring cheese and cottage cheese［拿奶酪和凝乳干酪来］）。在标准俄语中，只有经过发酵的凝乳制食品才被称作干酪（сыр）。

然而，最常见的情况是，从一门语言到另一门语言的翻译将一门语言中的信息并非替换为单独的代码单位，而是替换为相同的其他语言形式的整体信息。这样的翻译是一种间接引语（reported speech）；译者将另一来源接收到的信息加以代码重组和传递。因此，翻译涉及两种不同代码呈现的两条等值信息。

差异中的等值（equivalence in difference）乃语言的根本问题，也是语言学的核心问题。如同任何言语信息的接收者一般，语言学家充当言语信息的阐释者。若不将符号翻译成同一系统的其他符号或另一系统的符号，任何语言样本都不能被语言科学所解释。两种语言之间的任何比较都意味着二者之间相互可译性的考察；语际交际的广泛性实践，尤其是翻译活动，必须不断地接受语言科学的审视。差异化双语词典从内涵与外延上对所有对应的单位加以细致的比较和界定，这一迫切性的需要以及理论与实践意义是难以过高估计的。同样，差异化双语文法应该从文法概念的选择和界定层面来厘定两门语言之间的同异。

翻译实践与理论均是微妙而复杂的，且有人不时地以宣扬不可译性的教条方式，试图解决这一难题。沃尔夫（B. L. Whorf, 1897—1941）① 曾生动地想象："自然逻辑学家梅人先生（Mr. Everyman）"应该业已得出如下这般推理："语言背景不同的人对事实的构建也不同，对他们来说事实也就不同。"② 在俄国大革命③初期，曾有一些狂热的幻想家在苏联期刊上倡导彻底修改传统语言，尤其是消除诸如"日出"或"日落"之类的误导性表述。然而，我们依然在使用这一托勒密意象，而并未出现排斥哥白尼学说的暗示，而且我们可能很容易地将我们关于日升和日落的习惯性论调转化为地球自转的画面，仅仅是因为任何符号都可译为在我们看来更为发达、更为精确的一枚符号。

说一种特定语言的能力也意味着具有谈论这一语言的能力。这样一种"元语言"（metalinguistic）操作允许对所使用的词汇加以修订和重新界定。对象语言（object-language）与元语言（metalanguage）两个层面的互补性是由波尔（Niels Bohr, 1885—1962）④ 提出的，即所有定义明确的实验证据必须用日常语言表述，"在日常语言之中，每个词汇的实际使用与这一词汇的严格界定尝试具有互补关系"⑤。

所有的认知经验及其分类可在现存的任何语言之中加以传递。一旦发现不足，便可以通过借词或借译，创制新词或语义转换，最后还可通过迂回话语形式加以限定和扩展。因此，在东北西伯利亚楚克切（Chukchee）⑥ 新生文学语言中，"螺丝"被称作"旋转的钉子"，"钢"被称作"硬铁"，"锡"被称作"薄铁"，"粉笔"被称作"写字肥皂"，"手表"被称作"锤心"（hammering heart）。即便看似矛盾的迂回话语，如"电动马车"（electrical horse-car [электрическая конка]），此为无马街车的最初俄语名称，抑或"飞船"（flying steamship [*jena paragot*]），此为克里亚克语中表示飞机的名称，仅是指称马车的电气模拟和轮船的飞行模拟，并不妨碍交流，因为并不存在类似"冷牛肉猪肉热狗"（cold beef-and-pork hot dog）这一双重矛盾修辞中的语义"噪音"和干扰。

译入语中并不缺乏语法表达手段，这就意味着不可能直译原文中所包含的整个概念信息。传统意义上的连词"and"（和）、"or"（或），现在被一个新的连词所填补，即"and/or"。几年前在一部诙谐的著作——《联邦散文——如何使用 and/or 写作》⑦ 中有

---

① 美国消防工程师、语言学家，主张语言相对论，曾与萨丕尔共同提出"萨丕尔—沃尔夫假说"。——译者注

② Whorf, Benjamin Lee. 1956. *Language, Thought, and Reality* [M]. Cambridge, Mass: Cambridge University Press, p. 235。

③ 指1917年俄历10月25日（公历11月7日）的十月社会主义革命，这次革命建立了世界上第一个社会主义国家政权——俄罗斯苏维埃联邦社会主义共和国，简称苏联。——译者注

④ 波尔全名为 Niels Henrik David Bohr，丹麦物理学家、丹麦皇家科学院院士、哥本哈根学派创始人，1922年获得诺贝尔物理学奖，通过引入量子化条件，提出波尔模型来解释氢原子光谱，提出互补原理和哥本哈根诠释来解释量子力学。——译者注

⑤ Bohr, Niels. 1948. On the notions of causality and complementarity [J]. *Dialectica* 1, p. 317f。

⑥ 又作 Chukchi，系东北西伯利亚土著人的语言，以男女发音不同而著称。——译者注

⑦ Masterson, James R. And Phillips, Wendell Brooks. 1948. *Federal Prose: How to Write in And/Or for Washington* [M]. Chapel Hill: University of North Carolina Press, p. 40f。

过讨论。在这三个连词（即 and，or，and/or——译者注）中，只有后者出现在一种萨摩亚语（Samoyed language）中。[①] 尽管连词表目中存在此类差异，但《联邦散文》中所观察到三类不同信息都可能被明确地翻译为传统英文以及这一萨摩亚语。联邦散文的信息为：会到来的是（1）John and Peter（约翰和彼得）；（2）John or Peter（约翰或彼得）；（3）John and/or Peter（约翰和/或彼得）。传统英文的信息为：会到来的是（3）John and Peter or one of them（约翰和彼得，抑或其一）；萨摩亚语的信息为：会到来的是 John and/or Peter both（约翰和/或彼得都），（2）John and/or Peter，one of them（约翰和/或彼得，二者中的一人）。

如果一门特定语言中缺乏某一语法范畴，这一语法范畴的意义可以通过词汇手段翻译进这一语言。类似于古俄语 брата（兄弟）的双数形式须借助数词翻译为“两兄弟”（two brothers）。当我们从缺乏这一范畴的一门语言中翻译具有某一语法范畴的语言之时，就更难忠实于原文了。将英语句子“She has brothers”（她有兄弟）译为区分双数和复数的一门语言之时，我们被迫在两个陈述“She has two brothers”（她有两个兄弟）与“She has more than two”（她有两个以上的兄弟）之间做出选择，抑或是将这一决断留给听者说：“She has either two or more than two brothers.”（她有两个或是两个以上的兄弟。）同样，在从没有语法上数这一范畴的一门语言翻译为英语之时，人们就不得不在两种可能性之中做出选择，是“brother”还是“brothers”，抑或让这一信息的接收者面对这一两难决策之语境：“She has either one or more than one brother.”（她有一个或是不止一个兄弟。）

正如鲍亚士（Franz Boas，1858—1942）[②] 明确地表述的，一门语言的语法模式（与该语言的词汇库相对立），决定了一种经验中必须用特定语言形式表述的那些体（aspect）：“我们必须对这两个‘体’做出选择，且必须选择一个或另一个体。”[③] 为了准确地翻译英语句子“I hired a worker”（我雇了一位工人），俄语需要补充信息，这一行为是否已经完成，且这位工人是男性还是女性，因为译者必须在动词完成体（нанял）与未完成体（нанимал）之间做出选择、在名词阳性（работника）与阴性（работницу）之间做出选择。如果我问英语句子的发话者这位工人是男性还是女性，我的问题可能被视为无关紧要或轻率之举，而在这句话的俄语译文中，这一问题的答复则是必需的。另一方面，不论如何选择俄语语法形式来翻译这句英语引文，译文不会回答我是否“雇佣了”（hired）这位工人，也不会回答他或她是否是一位确定的或不确定的工人。由于英语和俄语语法模式所需的信息是不同的，我们面对着完全不同的选择境况。因此，同一孤立的语句从英语到俄语的一系列译文，反之亦然，可能完全剥夺了这

① Cf. Bergsland, Knut. 1949. Finsk-ugrisk og almen språkvitenskap [J]. *Norsk Tidsskrift for Sprogvidenskap*, 15: 374f.

② 德裔美国人类学家、语言学家，乃现代人类学先驱，享有“美国人类学之父”称号。——译者注

③ Boas, Franz. 1938. Language [J]. *General Anthropology* (Boston), p. 132f.

一句初始内容中的此类信息。日内瓦语言学家卡尔切夫斯基（S. Karcevki）曾将此类逐渐信息损耗比喻为循环序列的劣币驱除良币交易现象。但是，显而易见的是，信息的上下文语境越丰富，信息的损耗就越小。各门语言本质上的差异在于**必须**传达的信息，而不是**可能**传达的信息。一门特定语言的每个动词必须提出一系列具体的肯定与否定性的问题，例如：叙述的事件是否与其完成程度（即体概念——译者注）有关？叙述的事件是否先于言语事件而发生？诚然，母语发话者与听者的注意力将不断地集中于语言代码中必然性的（语法）项目之上。

在认知功能层面，语言之所以对语法模式的依赖度最低，是因为我们对经验的界定与元语言操作具有互补关系，即语言的认知水平不仅允许且直接需要重新编码的阐释，即翻译。有关不可言说或不可译的认知数据的任何假设在术语层面都是矛盾的。但是，在玩笑中、在梦境中、在魔术中，简而言之，在人们所称的日常语言神话之中，尤其是在诗歌之中，语法范畴具有极高的语义价值。在这些情况下，翻译的问题变得愈发微妙，愈发具有争议。

即使是像语法层面性这样的范畴，通常被认为仅是一种形式范畴，在一个言语社团对待神话的态度方面却起着重要作用。在俄语中，阴性不能指称男性，阳性也不能指称女性。人格化或以隐喻方式阐释无灵名词（inanimate nouns）的方式是由名词的性来决定的。莫斯科心理学研究所（于 1915 年）所做的一项测试结果显示：俄国人倾向于将工作日人性化，一致地将周一、周二和周四视为男性，将周三、周五和周六视为女性。而没有意识到这一人性化分布是由于前三个名字的阳性性别（понедельник，вторник，четверг）与其他三个名字的女性性别（среда，пятница，суббота）相对而存在。周五这个词在某些斯拉夫语中呈阳性，而在其他语言中呈阴性，这一事实体现在相应民族的民俗传统之中，即各民族的周五仪式有所不同。俄罗斯普遍存在的一种迷信，即餐刀下落预示着有男性客人的到来，餐叉下落预示着女性客人的到来。这一迷信是由俄语中的“餐刀”（нож）为阳性格与“餐叉”（вилка）为阴性格所决定的。在斯拉夫语和其他语言中，“日”（day）呈阳性，“夜”（night）呈阴性，故“日”被诗人呈现为“夜”的恋人。俄罗斯画家雷宾（Ilya Repin，1844—1930）感到困惑的是为何原罪（Sin）被德国艺术家刻画为女人，他没有意识到的是：在德语中，“原罪”（die Sünde）呈阴性，而在俄语中“原罪”（грех）呈阳性。同样，一个俄罗斯孩童在阅读一本德国童话译本，惊讶地发现“死亡”（Death）显然是一位女人（俄语词汇 смерть 为阴性）被刻画为一位老年男人（德语词汇 Tod 为阳性）。帕斯特纳克（Boris Pasternak，1890—1960）的一本诗集的题名《我妹妹的生命》（*My Sister Life*），在俄语中是很自然的，因为俄语词汇“生命”（жизнь）呈阴性，但足以让捷克诗人霍拉（Josef Hora）在尝试翻译这些诗歌之时感到绝望透顶了，因为捷克语中的“生命”（život）呈阳性。

萌芽时期的斯拉夫文学产生的问题是什么呢？令人好奇的是，译者在保留“性”的象征性过程中所遇到的难题，以及这一难题在认知上的非关联性，似乎成为早期斯拉夫原著的主题，由斯拉夫字母和礼拜仪式创始人——哲学家康斯坦丁（Constantine the Philosopher）于公元860年代初期为《福音书》（*Evangeliarium*）首译写作的前言，新近由瓦兰特（A. Vaillant）恢复并诠释。① 斯拉夫使徒说道："希腊语若翻译为另一种语言，不可能总是以同样的方式再现，且每一种语言被翻译之时皆会出现这一情况。""希腊语中的阳性名词如河流和星星在另一语言中为阴性，如斯拉夫语中的 река 和 звезда。"根据瓦兰特的评论，这一分歧在马太（Matthew）两首诗句（7：25 和 2：9）的斯拉夫语译本之中，抹去了象征着河流与魔鬼、星星与天使的符号身份。但是，对于这一诗性表达障碍，圣康斯坦丁坚决反对阿罗帕格人狄奥尼修斯（Dionysius the Areopagite）的信条，呼吁将主要注意力放在认知价值（силе разума）上，而不是词语本身。

在诗歌中，言语方程式成为一种文本建构性的原则。符构与形态范畴、词根、词缀、音素及其成分（区别性特征），简而言之，根据相似性和对比的原则，言语代码的任何成分都要加以比较、并置，带入毗连关系，进而承载着自身自治性的意指。音素相似性被视为语义关系。双关语或者说用更文雅且也许更精确一点的术语——双关比喻（paronomasia）统辖着诗歌艺术，且不论诗歌创作规则是绝对的还是有限的，从定义上来说，诗歌是不可译的。只可能是创造性的移置换位（transposition），或是语内移置换位，从一种诗化形态（即诗体）转换为另一种诗化形态；或是语际移置换位，从一种语言转换为另一种语言；抑或符际移置换位，从一套符号系统转换为另一套符号系统，即从言语艺术转换为音乐、舞蹈、电影或绘画。

如果我们将传统的信条"**翻译即叛逆**"（Traduttore, traditore）译为英文"the translator is a betrayer"（译者为叛徒），就剥夺了这一意大利语押韵警句的所有双关比喻价值。因此，一种认知态度将迫使我们将这句警句转换为一种更为明确的表述，以便回答如下问题，即什么信息的译者？什么价值的叛徒？

作者简介

罗曼·雅可布森，首都师范大学；贾洪伟，天津外国语大学。

① Vaillant, André. 1948. Le Préface de l'Évangeliaire vieux-slave. *Revue des Études Slaves*, 24: 5f.

论符号域①

Ю. М. 洛特曼 著　吕红周 译

摘　要：本文以洛特曼《论符号域》的汉译为基础，辨析相关符号学概念，归纳该文论点，评述其功过，梳理其在国内的传播与影响，并附列汉译文以飨读者。

关键词：洛特曼　符号域　概念　传播

译者弁言

尤里·米哈伊洛维奇·洛特曼（Юрий Михайлович Лотман，1922—1993），俄罗斯文学家、文化学家、符号学家。1922年出生于一个犹太家庭，父亲是彼得堡大学数学和法律系的毕业生，他有三个姐姐。1939年进入列宁格勒大学语文系学习，1940年应招参加卫国战争，1944年获得卫国战争二等奖章、勇敢奖章、战功奖章，1945年获得红星奖章，1946年复员。1950年毕业于列宁格勒大学并在塔尔图师范学院获得教职，1954年开始任职于塔尔图大学，直至去世。1961年以博士论文《十二月党人前的俄罗斯文学发展之路》获得列宁格勒大学的博士学位，1963年评为教授。洛特曼是最早采用结构主义符号学方法研究苏联文学和文化的学者，也是莫斯科—塔尔图符号学派的奠基人。洛特曼的学术成就得到其他国家的认可，曾任国际符号学协会的副主席，被评为英国科学院通讯院士（1977）、挪威科学院院士（1987）、瑞典皇家科学院院士（1989）、爱沙尼亚科学院院士（1992）。1993年因《亚历山大·谢尔盖耶维奇·普希金作者自传》和《A. C. 普希金的小说〈叶甫根尼·奥涅金〉评注》获得俄罗斯科学院普希金奖章。

洛特曼关注的核心问题是文化和艺术，他把自然语言视为第一模式化系统，文化和艺术是建立在自然语言之上的第二模式化系统，文化和艺术的功能在于信息的保存和人们之间的交际。洛特曼研究文化和艺术旨在为不同文化之间的平等交际寻找一个平台和文化描写的元语言工具，而文化符号学则是他研究的主要成果。除了文化符号学，洛特曼的学术兴趣还涉及结构主义诗学、文化类型学、电影符号学、普希金研究等方面。洛特曼1964年创刊的《符号系统研究》是世界上最早的符号学研究刊物。洛特曼于1982年在塔尔图大学建立历史和符号学研究所，关注文学方法论分析整个俄罗斯文化历史领

① Лотман, Ю. М. 1984. Семиосфера. *Sign Systems Studies*, Vol. 17, pp. 5 – 23.

域，《文化与爆炸》（1992）、《艺术文本的结构》（1998）、《论艺术》（1998）、《思维世界》（1999）、《符号域》（2000）、《俄罗斯文化历史与类型学》（2002）等著作集中体现了他的文化符号学理论的主要思想，即意义的生成机制、文化与历史的关系、文化类型比较研究的元语言、符号域等。洛特曼的著述达上千种，其中许多被译为多种文字。其中最为集中的是圣彼得堡艺术出版社从 1994 年至 2003 年出版的九卷本洛特曼著作集：《俄罗斯文化讲座》（*Беседы о русской культуре*）（1994）、《普希金》（*Пушкин*）（1995）、《论诗人与诗歌》（*О поэтах и поэзии*）（1996）、《卡拉姆辛》（*Карамзин*）（1997）、《论俄罗斯文学》（*О русской литературе*）（1998）、《论艺术》（*Об искусстве*）（1999）、《符号域》（*Семиосфера*）（2000）、《俄罗斯文化史与类型学》（*История и типология русской культуры*）（2002）、《心理的素养》（*Воспитание души*）（2003）。

1 概念辨析

20 世纪 60 年代形成的具有世界影响的以洛特曼为核心领袖的莫斯科—塔尔图符号学派，成为苏联符号学的代名词。苏联第一次符号学会议于 1962 年在莫斯科举行，1964 年在塔尔图附近举办了首届符号学夏季讲习班。历史上有莫斯科—塔尔图符号学派的称呼，是按照时间顺序给这一学派的命名。以洛特曼为首的莫斯科—塔尔图符号学派因对俄罗斯文化研究的符号学视角被学界统称为文化符号学，这是基于俄罗斯独特人文和历史传统的研究，丰富了世界符号学研究的内容并成为符号学版图的重要组成部分。该学派从对文学文本的研究扩展至各类文化文本，逐渐走向从符号学对文化的整合性研究。文化符号学与俄罗斯形式主义有密切联系，蒂尼亚诺夫（Ю. Н. Тынянов，1894—1943）和雅各布森对索绪尔结构主义的批判性继承、布拉格语言学小组、叶尔姆斯列夫的语符学、乔姆斯基的生成语言学、马林诺夫斯基的文化理论、列维·斯特劳斯的结构人类学、维纳（Nobert Wiener，1894—1964）的控制论等都是催生文化符号学的重要理论来源。对各种理论学说的借鉴使得莫斯科—塔尔图符号学派呈现出整合性研究特征，一方面研究文化中的各种符号系统与文化的关系；另一方面把各种文化作为符号系统加以研究。对语言和文化的系统性特征的理解以及在研究过程中采用质和量的方法成为文化符号学的重要研究维度。莫斯科—塔尔图符号学派在洛特曼后期逐渐形成了新塔尔图符号学派，以库尔（Kalevi Kull，1952— ）为代表的学者们在文化符号学基础上发展出文化生态符号学，关注微观的生态环境与文化的符号意义关系。发展了文本概念，把自然视为等待阅读和阐释的具有完整意义的文本，这是洛特曼以自然语言为第一模式化系统和以文化等为第二模式化系统理论的深化。我们在此以文化符号学、符号域、模式化系统三个概念为切入点，在回顾和梳理这些概念发生、发展的基础上，以期展现洛特曼学术思想的发展脉络。

1.1 文化符号学

文化符号学（semiotics of culture）这一术语最早出现在1970年，是洛特曼在第四届塔尔图符号学夏季讲习班上提出的。1973年《文化符号学研究论文集》的出版成为文化符号学作为独立学科以及莫斯科—塔尔图符号学派进军国际学术界的标志性事件。作为独立学科，文化符号学的研究对象是不同符号系统间的功能关系，重点关注文化语言的层级结构，“每种文化都以符号系统间的独特关系为特征，因此，在讨论文化时重要的是要理解它的历史进化”（Salupere & Torop，2013：15）。莫斯科—塔尔图符号学派的核心成员——洛特曼、伊万诺夫（Вяч. Вс. Иванов，1929—）、托波罗夫（В. Н. Топоров，1928—2005）、皮亚吉格尔斯基（А. М. Пятигорский，1929—2009）、乌斯宾斯基（Б. А. Успенский，1937—）等参加了文集撰写，洛特曼曾建议邀请当时在马萨诸塞科技学院任教的雅各布森参加。文集是为1973年在华沙举行的第七届国际斯拉夫大会准备的。文集于1973年在波兰（俄语版）和爱尔兰（英语版）出版，随后被翻译为法语（1974）、意大利语（1979）、德语（1986）、爱沙尼亚语（1998）、葡萄牙语（2003）和西班牙语（2006）。文化符号学以文化文本为基本单位，关注文本的符号功能、符号层级、符号结构、符号非对称性、不均衡性和文化多相性，在动态性和开放性的原则下观察文化的不平衡与不稳定。文化可通过各种文化语言得以表达，这些文化语言包括自然语言，也包括自然语言基础之上形成的第二模式化系统，如哲学、法律、音乐、建筑、宗教、艺术、绘画等语言，这样抽象的文化便具有了可以分析的运作形式和载体。虽然每种语言形式都有自己的语法，但他们之间具有可译性，其中介就是文化语言形成的各类文化文本。由此，文化就是符号文本的总和、信息的总和、符号系统的总和。“文化符号学的主要问题是意义的生成问题。”（Лотман，2000：640）文本产生信息，信息传递的过程又会产生新的信息，从而新的信息又以文本的形式保存下来，所以文本是信息的产生、传递、保存机制。

1.2 符号域

符号域（semiosphere）是莫斯科—塔尔图学派的当家人物洛特曼于1984年首次提出的概念，成为文化符号学中的核心术语之一，为文化研究提供了新视角。符号域这一概念是模仿维尔纳茨基（В. И. Вернадский，1863—1945）的生物圈概念。生物圈是一个地球上所有生命存在于其中的一个时空连续体（пространственно-временный континуум），“生物圈是生物延续的条件，而符号域则是文化发展的条件”（Лотман，1999：165）。洛特曼把符号学视为一个民族的文化得以信息保存和加工的机制，只不过文化符号系统不同于单通道系统，因为单通道系统不能生成新的信息。传统的信息论关于信息传递的理性模型是：信息—编码—文本—解码—信息。如交通信号灯、旗语、密码、人工语言等。符号域的各符号系统是一种更为发达和复杂的形态，编码和解码的过程存在多种选择，因此多义性是一种必然的形态。符号域与生物圈有着深层的共同性质，都有空间的概念和所包含的内部各个系统的存在、发展条件。此外，符号域还与控制论、信息论、系统论、耗散结构理论、拓扑学等的研究成果有关系。符号域是民族文化的背景、文化环境和文化空间，是民族集体生活历史经验和精神以及思维方式的凝集之所，是民族文化存在的条件。洛特曼看到文化的模式化本质，包括外显的和隐性的行为模式，这种模式和规则一方面统一着人的行为、价值观；另一方面又对其加以限制，而这一切都与人类创造的符号紧密相关。洛特曼的文化观是一个开放的动态系统，在和其他民族文化符号域的冲撞中不断地进行自身的调整，既遭到外来文化的侵蚀，又侵入其他文化，不断地推动不同文化间的交流。从这一点我们可以看到洛特曼虽然作为结构主义者，却实现了对传统结构主义的超越，因为结构主义对结构的理解是封闭的和自足的系统。

洛特曼把文化视为各种符号系统的集合，符号域是文化文本的总合。符号域指符号空间，本质上也是一种文化空间，是言语交际的基础和前提。传播学将发送者、信道、接收者、媒介、信息视为交际展开的基本要素，洛特曼的思考超出了这些显性因素，即交际的基础是交际双方的共性与差异，没有共性则无法交际，没有差异则没有交际的必要。而这种共性在洛特曼看来就是双方共同参与其中的符号空间，由文化经验和百科知识构成。一个博物馆的所有成分构成一个符号域，如展区、展品、标签、解释性文本、游览线路、游客行为规范等构成一个整体的空间。符号域的各个构成成分之间是一种动态的关系，他们之间的关系可以也可能发生变化。①

除了动态性，符号域还有其他一系列特征，如非均质性。文化符号学将文化视为各种不同符号系统的集合，如诗歌、文学、戏剧、电影、艺术、建筑、宗教、科学等。各种符号系统由自己的语言符号得到呈现和描写，他们之间存在着可译性的程度差异。此外，符号域还有边界性和时空性。“边界是另一种符号文本翻译成我们的语言的机制，是外部转换到内部的地点，这是一种过滤膜，它把他人文本转换到符号域的内部符号，然而依然是保留了外来的特征。”（Лотман，1999：183）边界又有一系列的二元划分，如内部和外部、中心和边缘、主流和非主流、有序和无序等。事件发生于符号主体即人在不同边界间的移动，洛特曼借用拓扑学的“位移”概念来表示。符号域内部具有相对的一致性、统一性、有序性、同构性，而外部则具有偶然性、无序性等。

任何事物的存在都具有时间和空间的属性，人类对时空的把握同样也经历了从具象到抽象的过程。洛特曼把空间属性放在比时间更重要的位置，因为在他看来时间性可用空间来表达，反之则不然。符号域的空间不同于物理空间，或不限于物理空间，而是一种更为复杂的拓扑空间。拓扑空间中的事物，无论形式如何变化，他们保持了关系的同构性。在当前文化背景下，文本、对话、媒介、信息、意义、符号呈现融合与交织的状

---

① http：//slovar. lib. ru/dictionary/semiosfera. htm，2017 -2 -25.

态，文化的复杂性和多语性成为常态。巴赫金（1998：380）指出："文本只是在与其他文本的相互关联中才有生命。只有在诸文本间的这一接触点上，才能迸发出火花，它会烛照过去和未来，使该文本进入对话之中。"一个文本的成分以显性或隐性的形式与另一个文本发生的关联就是互文性。因此，互文性在本质上是一个意义生成的符号空间。洛特曼继承了巴赫金的对话理论，认为对话是新信息产生的必要条件，"没有一种单语机制可以产生新信息，即它是不能思考的。思维机制应当至少是双语结构（对话的结构）。这一结论赋予巴赫金关于对话文本的结构思想新的意义"（Лотман，2000：566）。洛特曼（Лотман，2000：251）认为："任何语言都处于某种符号空间之中，语言只有与该空间相互作用才能发挥功能。该文化所固有的符号空间是一种不可分解的工作机制——符号的单位，我们把这一空间定义为符号域。"

1.3 模式化系统

模式化系统是莫斯科—塔尔图符号学派的重要概念，以往的介绍：简略地把自然语言之外的文化称为第二模式化系统。第一模式化系统是自然语言，自然语言是人类精神世界的空气，思维、情感、知觉、认知依其存在和发展。第二模式化系统分为三种形式，第一种自然语言作为一个更高层级的符号系统，如神话、文学、诗歌；第二种自然语言作为元语言或部分元语言，如艺术批评和艺术史、音乐、舞蹈；第三种自然语言作为模型或类比物，如电影语言、舞蹈语言、音乐语言、绘画语言等。作为元语言的自然语言是所有非言语系统的阐释者。自然语言和文化语言之间是一种同构关系（изоморфизм）。符号系统被认为是文化的本体论特征，从而建立以研究符号系统功能关系的文化符号学。文化的机制就是把外在的转化为内在的、把无秩序的转化为有秩序的。每种文化都具有唯一的特性，要对文化加以研究需要找到能将文化作为研究对象的方法论。人类文化的一个普遍特征是自我描写的需要，而每种文化都有自己的方式、自己的描写语言。正是文化的描写语言固定了人类的经验和文化记忆，使文化互译成为可能。一种文化可以有多种描写语言，通过对同样事物或事件的不同阐释，文化的关联性得以建立。

2 "论符号域"概要

本文译自洛特曼的"О Семиосфера"，刊登于《符号系统研究》（*Труды по знаковым системам*）1984年第17期。文章旨在对符号学中某些概念加以修订，在承认现代符号学两个传统（即皮尔士传统和索绪尔传统）的基础上，洛特曼（Лотман，1984：5）指出两种研究路径可能存在的危险："经验主义的适当性（分析的便利性）开始被理解为对象物的本体论属性，结构上从简单和单质成分到逐渐复杂。复杂对象物归结为简单的总和。"洛特曼为这种简单化的进路提出了解决方案，那就是要避免对单义系统的孤立审视，进而选择一个动态的、多层级的、具有时空属性和拓扑性质的符号域概念，“只有处于某种符号连续统中，他们才发挥作用，这种连续统由不同类型和层次的符号构成”（同上）。产生新信息的符号过程不是一个封闭的、单质的符号空间，而是一个抽象的、开放的、动态多层级的符号域，这个符号域是不同符号系统的交织。

该文主要就符号域的一系列特征做出较为详细的论述，重点阐释了界限性（或边界性）和符号的非均衡性。大致来讲，洛特曼将符号域的边界分为内部空间和外部空间，并由此衍生出中心和边缘、主流和非主流等二元对立的概念。首先，符号域的抽象性特质给具象描写带来了困难。洛特曼把符号域的边界视为信息交流或文本接触的一种过滤器，对异符号系统或异文本的接触具有隔离作用。符号域的边界被认为是重要的结构和功能，边界决定着符号机制的本质，“边界——双语机制，同时将外部的信息翻译为符号域的内部语言和将内部的信息翻译为符号域的外部语言。只有通过这种转换符号域才能实现与非符号的和异符号空间的交际。”（Лотман，1984：8）。交际因此是将符号域外的语言转换为符号域内的语言，然后使用域内的语言将之前的非信息转换为可以理解的信息。符号域的边界成为不同文化交织存在的特定空间，这是不同文化同质性的存在区域，是文化融合最先发生的地方。符号域边界的另一个功能是加速融合的进程，从而使外部无序的、偶然的、异质的部分转换为有序的、内在的、同质的部分，并进一步产生边缘对于中心的侵蚀和主流与非主流间的转换。

在符号的非均质性部分，洛特曼介绍了符号域内部和外部空间的相对性以及中心和边缘转换的可能性。一种文化在特定时期的主导占据着核心位置，他们是有序的、高度组织化、系统化的。居于核心的符号空间形成了自我描写的元语言，并对边缘的符号空间加以描写，这些层级之间的相互作用正是符号域动态发展的一个内在动因。符号空间结构上的非单一性形成动态过程的后备力量，并成为域内新信息加工的一个机制。符号域内部组织结构的非均衡性一部分是由异质性本质决定的，符号域的各部分具有不同的发展速度。“符号域的内部边界发生多次交叉，从而在符号关系上它的各部分产生区分。信息通过这些边界传递，不同结构和次结构之间竞争，一个结构的符号不断地侵入别人的空间从而产生意义、出现新的信息。”（Лотман，1984：13）。符号域核心机制的结构特征是每一部分都以一个整体而存在，交际之所以可能，是外部现实世界在符号域的不同层级上实现了同构。由此审视东方与西方，符号域边界存在的这一事实，既是异质文化转换得以发生的动力，也是不同文化维持自身独立性的保障。一种文化在成为更大文化整体的一部分时，允许接收和容纳异于自己的内容，对话因此产生。从世界范围内看，不同民族的文化是整个符号域的一个部分，他们是一种互相嵌入式的关系，随着时间、政治、经济、文化、科技、军事等力量的非均衡发展，对称性和非对称性、中心与边缘总处于动态的发展过程。

符号域是洛特曼用符号学方法研究文化的学理总结，文化因此是符号主体的人运用符号化的思维和符号化的行为创造的符号世界。只不过洛特曼的思考并不仅是给文化以符号的定位，他的思考是文化类型学，借助符号域做不同文化间的比较研究，在表面文化差异下寻找文化共相、文化同一性，符号域执行文化分析工具语言的作用，为世界文化的沟通和交流提供一个无偏见的平台。洛特曼将符号域视为民族文化的载体，由于文化中各类文化语言和文化文本组成的多层级符号系统，在该空间中各个符号系统得以产生、活动和发展，包括信息的传递和翻译，“翻译最基本的机制就是对话。对话意味着不对称，不对称首先是指对话参与者符号结构的不同，其次是指信息的方向性”（Лотман，1999：193）。文化因此具有符号性、系统性、整体性和动态发展性。从定义可见，洛特曼特别强调把文化作为一个整体来观察，符号域理论是站在更高层面上，在文化研究的大背景中，运用符号学的方法论和视角，对不同民族文化动态发展的普适性规律进行探寻。符号域理论是作为不同民族文化平等交流的平台的元语言或工具语言而登上历史舞台的，符号域概念因此就具有了工具性，这种工具性体现在对民族文化内部发展和变化规律的阐释。

洛特曼关于浑成符号（континуальныйзнак）和离散符号（дискретныйзнак）的划分丰富了符号类型的内容，离散符号主要表达线性的、有序的、层级清晰的符号结构，最为典型的自然语言就是一种约定性离散符号系统。浑成符号表达偶然的、整体的形式，如图像符，文化的多相性（неоднородность）和异质性（гетерогенность）就是两类符号不断互动形成的，约定—离散符号和图像—浑成符号间是一种拓扑关系。自然语言中的符号是线性关系，浑成符号是一种多维、多层语义复合体，如电影、话剧等，类似于多模态，“任何一个艺术文本都不是结构连续不断的线性发展，而是两个以上的文本结构相互交织、彼此重新编码的，这些文本结构之间具有不同层级的不可译性”（郑文东，2007：107）。对立的存在和互动是走向多元和多相的基础，而多相是符号域产生新信息的机制，是文化运作的条件和规律。

洛特曼从文学领域步入符号学的研究，他建构了文本系统性理论。他的符号学又被称之为文化符号学，主要探讨符号学方法在文化中的具体应用，他提出的文化类型学用于指导各类文化的比较研究，给不同时空中异质文化的比较提供一个机制，意在消除文化的不平等和文化歧视。洛特曼（Лотман，2000：465）提出了自己的设想：“我们尝试在空间模型的基础上建立文化描写的元语言，其中包括拓扑结构，这是数学的一个分支，研究图形在同胚变形后的不变属性。我们的计划是把图形和轨迹拓扑属性当作描写工具，可以用作文化类型研究的元语言。”洛特曼正是看到了拓扑学对解释文化表层各异的功能和空间中的深层同构作用，也就是文化文本中蕴含的恒量。文化符号学尊重不同民族文化的差异，不同文化之上都是一个相对完整的符号学系统。符号域思想是对符号学理论的应用，把文化视为一个多层级符号系统，在符号域的空间中各类文化文本交织成文化信息网。符号域作为研究不同文化恒量和共相的普适性元语言，对民族平等交流和消除种族歧视提供了文化研究的新视角。

3 符号域在国内的研究

截至2016年9月13日，中国知网以“符号域”为篇名检索条件有14篇文章，发表时间跨度为2005至2015年，涉及符号域概念、符号域空间结构、符号域与生态学、主体世界与符号域、符号生态学、生命符号学、符号域与音乐、符号域与地域文化、符号域与文学作品等；以“洛特曼”为篇名检索条件有111篇文章，发表时间跨度为1987至2016年，其中博士论文3篇，硕士论文2篇，涉及文艺学、诗学、电影符号学、文学、美学、形式主义、修辞学、模式化系统等内容。以上的文章中有译文6篇，其中有洛特曼的儿子米哈依·洛特曼的《主体世界与符号域》，彼得·特洛普的《符号域：作为文化符号学的研究对象》，卡莱维·库尔的《符号域与双重生态学：交流的悖论》和《符号生态学：符号域中的不同自然》等。其中耿海英的《接受与研究：洛特曼符号学在中国》(2005) 一文较为详细的梳理了洛特曼符号学思想在我国的研究情况，其关注点集中在符号学。此外，专著有张杰和康澄《结构文艺符号学》(2004)、王立业《洛特曼学术思想研究》(2006)、康澄《文化及其生存与发展的空间：洛特曼文化符号学理论研究》(2006)、郑文东《文化符号域理论研究》(2007)、白茜《文化文本的意义研究（洛特曼语义观剖析）》(2007)、陈戈《不同民族文化互动理论的研究》(2009)、杨明明《洛特曼符号学理论研究》(2011)、张海燕《文化符号诗学引论——洛特曼文艺理论研究》(2013)。

4 思考

4.1 符号域定义的缺席

洛特曼在这篇文章的标题下面写着“纪念罗曼·奥西波维奇·雅各布森（памяти Романа Осиповича Якобсона)”，但文中没有进一步提及雅各布森与符号域的关系。在翻译本文的过程中，译者期待从中找到洛特曼关于符号域的确切定义，相信这也是读者在看到文章题目时的第一想法。遗憾的是，直到文章结束，洛特曼也没有给出我们想要的答案。从公开发表的文献看，洛特曼关于符号域的定义以及深入论述出现在他的专著《思维的世界》(1999) 中，从1984年初次提出，到1999年给出定义，间隔了15年。这是洛特曼关于符号域理论不断思考和深化完善的过程。从早期的结构主义对诗学、艺术、历史、哲学等问题的关注，扩展到从符号学对整个文化的考察，文化符号学的概念要早于符号域，符号域是洛特曼文化符号学理论和方法深化的产物。洛特曼保持开放的学术视野和不断进取的研究态度，他对生物学理论（符号域的名称直接与维尔纳茨基的生物圈直接相关，从 биосфера 到 семиосфера)、系统论（贝塔郎菲关于系统论的观点被借鉴到符号域中，如符号域是多层级符号系统、语言只有在符号域中才能发挥作用、文化是不同符号系统的总合、文本是文化的基本单位等)、控制论(控制论研究系统稳定运行的机制，其方法是通过调节信息变化而实现。洛特曼将文化视为统一的符号机制，文化是集体记忆的器官，而符号域正是新信息生成、理解、记忆、存储、再生的机制)、信息论(洛特曼在《艺术文本的结构》中说过，信息论在引申意义上即符号学，文化传递非遗传性信息，符号域关注的是动态的复杂的信息传递，前文本和后文本只能相对一致，个人之间的差异，如经验、信仰、价值观、百科知识等，通过代码得以区别)、耗散结构理论(洛特曼借鉴普里戈金耗散理论提出文化的二分结构，即有序结构和无序结构。符号域内部文本和外部文本之间的渗透和侵蚀导致信息的流动，文化因此才能处于动态的相对平衡，文化才会正常运作)、拓扑学(洛特曼引入拓扑学中的位移，用于研究文化恒量和同构。恒量是文化共相，变量是一种拓扑变形，在一定程度上可认为，不同民族文化之间交际、理解、互译的基础是文化恒量和共相，文化差异也只是一种拓扑变形的结果)等自然科学理论的吸收和融合，最终产生了符号域理论丰富的理论内涵。

4.2 符号域是一元、二元还是多元

白春仁(2007)认为，符号域凝聚了洛特曼全部学理的精髓，符号域对文化进行宏观整体性研究，分析影响民族文化整体性、统一性、同一性的内在本质和决定性因素。符号域理论发挥着普适性的文化分析元语言工具作用，这为不同文化模式的研究和对比提供了客观的、无偏见的平台。文化是各种不同符号系统的总合，各种符号系统的互动构成持续的、动态的、变化的、发展的符号域空间。洛特曼将文化共相视为描写民族文化内部各文化符号系统在符号域空间中不同地位的基础，也视为不同民族文化符号域得以互相渗透、影响、翻译的平台。洛特曼说(Лотман，1999：165)："任何一个单独的语言都处于一个符号空间内，只是由于和这个空间相互作用，这个语言才能实现其功能。并不是单独的语言，而是属于这一文化的整个符号空间，应当被视为一个符号单位、一个不可分解的运作机制。这一空间我们定义为符号域。"这一定义中特别提出"应当被视为一个符号单位，一个不可分解的运作机制"，洛特曼试图用符号域去代替文化这一具有多元性、多维度、有争议的概念，把符号域视为民族文化的载体，一个民族文化的整体构成一个符号域，在更高层次上和更大范围内，全世界不同民族文化构成一个更大的符号域。符号域的作用不是去定义文化是什么，而是统摄所有文化现象，描述文化发展和变化的内在规律，这样一来，符号域具有一元观色彩。

但我们不能就如此下结论，洛特曼认为文化研究要区分两个视角：从文化本身出发的视角和从文化描写的科学元系统出发的视角。符号域就是洛特曼对文化描写科学元系统的一种建构。这样符号域就可分为文化语言和文化文本两个层面，此外，我们还可发现一系列二元对立的概念：符号域的时间/符号域的空间、结构/非结构、有序/无序、

中心/边缘、主流文化/非主流文化、部分/整体、文化恒量/文化变量、符号域内部/符号域外部、离散型符号/浑成型符号、第一模式化系统/第二模式化系统等。在本文中，洛特曼将边界作为一个重要概念进行了大篇幅的阐释，边界是一个符号域与另一个符号域的中间连接区域，边界分割了内部空间和外部空间。只有通过边界的过滤，一个符号域的内容才能进入另一个符号域。这样看来，符号域理论具有二元论色彩。

接着，我们发现，洛特曼还提出了文化多元性、文本的对话性、符号域内的多中心性等概念明显是持一种多元观。每一个个人都是一个代码，个体之间的差异并不影响互相交际活动的开展。与之类比，每一种文化都是一个符号域，是各自符号文本的集合，文化之间的交流和碰撞就类似于耗散理论中的动态平衡。所以，我们不能简单地将一种理论划归为一元、二元、三元还是多元。正如有的人说索绪尔的符号理论是二元的，因为他的符号是能指和所指的两面心理实体，但索绪尔也做出言语活动、言语、语言的划分。我们既要看到“在我们看来，语言就是言语活动减去言语”，也要注意“但是这个定义还是把语言留在它的社会现实性之外，使语言成了一种非现实的东西，因为它只包括现实性的一个方面，即个人的方面。要有语言，必须有说话的大众”（索绪尔，1980：115）。

4.3 符号域与翻译研究

卡西尔将人定义为符号动物，人通过符号化思维和符号化行为开展人与人之间、人与自然之间的对话，创造人类的文明。而翻译、创新、对话是符号思维机制的重要维度，信息生成、信息传递、信息理解、信息存储都是直接的符号活动。洛特曼关于边界的概念、文化共相、文化恒量与翻译具有很大的相关性。虽然洛特曼在本文中没有提及雅各布森关于翻译的语内、语际、符际划分，也没有就雅各布森语言功能六面体中的代码与符号域理论中的代码的区别和联系做深入区分，但我们看到雅各布森和洛特曼的理论对翻译研究都具有重要启示。吕红周和单红（2016：104－106）认为翻译的重新定位就是要超越语言层面，把图像、声音、手势、代码、人机交互等非语言活动纳入翻译的研究范围。这样一来，传统上认为的翻译是语言转换就过渡到符号转换，符号活动是生命的表征、符号共相是符号转换的基础、代码是符号转换的基本原则。贾洪伟（2016a）进一步就翻译符号学的概念展开深入和细致的界定，涉及从翻译概念演化到翻译符号学的概念、研究对象、学科定位等问题。贾洪伟（2016b）就符号域与翻译研究的结合做出了初步尝试，这是对翻译符号学学理基础的延伸。贾洪伟认为，民族文化的恒量是文化间能够互译的基础，但不存在完全对应的统一体，即文化翻译是不对称的，翻译作为符号转换的过程又可分为有形符号到有形符号、有形符号到无形符号、无形符号到无形符号的转换。根据洛特曼的符号域概念，符号转换包括发生在符号域内部的域内翻译、发生在符号域外部的域际翻译以及涉及多种符号和介质超文本的超域翻译。洛特曼符号域理论丰富的内涵和文化旨向为翻译符号学提供了极大的理论支撑，相信符号域理论与翻译符号学有待更进一步的融合空间。

《论符号域》译文

Ю. М. 洛特曼

现代符号学正在重新审视一些基本概念。众所周知，符号学源于两个科学传统：一个是皮尔斯—莫里斯将符号视为任何符号系统的首要因素；另一个传统基于索绪尔大纲和布拉格小组，以（文本）语言和话语的二律背反为基础。虽然存在方法上的种种区别，但两个传统具有本质的共性：以最简单的、单质的成分为基础，从其相似的视角展开研究。第一种观点，分析的基础是单独的符号，其他所有的符号现象都被视为符号序列。第二种观点，一部分表现在将单独的交际行为——发话人和受话人之间的信息交流——作为首要因素和所有符号行为的模型。结果是符号交换的个人行为开始被视为自然语言的模型，而自然语言的模型成为普适的符号模型，符号学被解释为语言学方法在对象上的扩展，而超出了传统语言学的范畴。已故的列夫津（И. И. Ревзин，1923—1974）在Кяэрику（1966）举办的第二届夏季班的辩论中非常清晰地表达了这种源于索绪尔的观点，他给出如下定义："符号学的研究对象是接受语言学描写手段的任何对象物。"

这种方法符合科学思维的著名规则：从简单到复杂——在第一阶段不证自明。然而其中也隐藏着危险：经验主义的适当性（分析的方便性）开始被理解为对象物的本体论属性，结构上从简单和单质成分到逐渐复杂，复杂对象物归结为简单的总和。

最近20年符号学研究的路径允许对许多问题加以不同的审视。现在可以初步认为，精确的和功能上单义的系统在现实中不是孤立存在的。他们出于经验的必要性而进行切分，其中的任何一个单独拿出来都不能应用。只有处于某种符号连续统中，它们才发挥作用，这种连续统由不同类型和层次的符号构成。类比于维尔纳茨基（В. И. Вернадский，1863—1945）提出的概念生物圈，我们将这种连续统称为符号域。应该防止将维尔纳茨基使用的术语智慧圈（ноосфера）与本文提出的概念符号域混淆。智慧圈——生物圈发展的特定阶段，这种阶段与人类的智力活动相关。维尔纳茨基的生物圈——宇宙机制，在地球总体中占据着特定的结构空间。生物圈包括所有的生物，位于地球表层，将太阳的光能转换为化学和物理能量，旨在加工地球的非生命物质。当这一过程中人类的智慧占据主要地位时，智慧圈就形成了。① 如果智慧圈有物质—空间存在，包括地球的一部分。那么，符号域的空间就具有抽象特征。然而这并不是说，空间

① "科学思维和科学知识的历史同时也是在生物圈中形成新地质力量的历史——之前在生物圈中所缺乏的科学思维。" Вернадский, В. И. 1977. *Размышления натуралиста: Научная мысль как планетарное явление.* кн. 2. Москва: Наука, с. 22.

概念在这里用于隐喻意义。我们在此探讨特定的具有那些特征的域，处于一个封闭的空间。只有在那样的空间中才可能实现交际过程和产生新的信息。

理解维尔纳茨基生物圈的本质也许有益于界定本文中的概念，故在此多做停留。维尔纳茨基将生物圈定义为充满生物的空间，“生物就是活的有机体的总和”①。这样的定义似乎让人有理由认为，以单独有机体的单质事实为标准，有机体的总和构成生物圈。然而，事实并非如此。有机物被视为有机的整体——地球表面的一层膜——内部组织的多样性在宇宙功能统一体面前退居次要地位——成为能量加工机制，将太阳释放的能量转换为地球的化学和物理能量，维尔纳茨基谈论的是生物圈与单独机体关系的第一性。“所有这些生命的凝聚体之间紧密相关，一个脱离另一个不能存在。不同生命层和凝聚体之间的这种关系以及他们不变的特征是地壳机制的永恒特点，在整个地质时代都有所表现。”② 这一思想用准确的语言可表达如下：“生物圈具有特定的结构，无一例外地决定着其中发生的一切……人，在观察自然的时候，与所有的有机体、所有生物一样，是生物圈在特定时空中的功能。”③

类似的方法可用于解决符号学问题。将符号宇宙视为单独文本和互相之间孤立的诸语言的总和。如此，整个大厦看起来就像由一块块独立的砖所构成。然而与之相反的方法显得更有效果：整个符号空间可被视为一个统一的机制（若不是机体的话）。那么不是哪一块砖是第一性的，而是称为符号域的一个大系统。符号域就是那个符号空间，在这空间之外不可能存在符号过程。

正如我们不能将牛排拼成一头牛，但我们切开牛可以得到牛排。与之类似，把部分的符号行为加起来，我们得不到符号宇宙。相反，只存在那样的宇宙（即符号域）使得单独的符号行为成为现实。

符号域具有一系列特征。

1. 界限性（отграниченность）

符号域的概念与特定的符号单一性和个体性相关。这两个概念（单一性和个体性），正如我们所看到的，很难从形式上进行界定，他们取决于描写的系统，但这并未取消他们的现实性和直觉层面的可分性。这两个概念指的是符号域与符号外空间和符号内空间的界限性。

符号界限性的一个基本概念是边界（границы）。因为符号域空间具有抽象性，它的边界也不应该用具体的表达方式来描述。正如数学中的边界是同时位于空间内和空间外的点的集合，与之类似，符号边界——双语翻译的总和——过滤器，通过他们实现从一种文本到该符号域外的另一种语言（或诸语言）的转换。符号域的“封闭性”表现

---

① Вернадский, В. И. 1967. *Биосфера* (*избранные труды по биогеохимии*). М., с. 350.

② Вернадский, В. И. 1960. *Избранные сочинения*, т. 5. М., с. 101.

③ Вернадский, В. И. *Размышления натуралиста...*, т. 2, с. 32.

在它不能与异符号文本或非文本接触。为了获得现实性，符号域必须将文本翻译为符号域内空间的一种语言或将非符号事实符号化。由此，可将符号域的边界点比作情感的感受器，把外部刺激物转换为我们神经系统的语言，或比作翻译屏障，使外部世界适应该符号域。

如上述，边界的概念与符号个体概念相关。在这一意义上我们可以说，符号域是“符号个体（семиотическая личность）”并且划分个体的特征，如将这一概念的经验确凿性、直觉明显性与形式上定义的困难性组合起来。众所周知，个体的边界作为符号学的历史—文化现象取决于编码的方法。比如，没有独立性的妻子、孩子、忙碌的仆人、农奴可与具有独立性的丈夫、主人、保护人包含在一个系统中，而在其他系统中被视为独立的个体。这在法律符号学中表现在相关性中。当伊凡雷帝不但惩罚大臣的家人，还惩罚他所有的仆人，这并不是出于复仇的臆想（就像封地的农奴有可能危及沙皇一样），而是表达这样的意思：在法律上他们所有人构成一个家庭，因此惩罚自然就涉及所有人。俄罗斯人把“雷帝”——残酷的沙皇——理解为，沙皇大范围地惩罚自己的人民，那对他们来说把所有人都包括在受惩罚的范畴就显得可理解。外国人为此感到吃惊，即其他人因为一个人犯罪而受惩罚。在1932年英国大使的妻子Рондо夫人（леди Рондо）（并不敌视俄罗斯宫廷，她在信中描写了安娜女皇的善良和多情以及比伦①的优美），告诉自己欧洲的笔友关于长手家族（семья Долгоруковых）的流放：“您也许见过妻子和孩子的流放；但在这里，当一家之主失宠的时候，那么整个家族都受到迫害。”② 集体的概念（在这种情况下——家族的）而非个体的成为血仇的基础，当整个家族的屠杀被视为法律上的责任人。索洛维约夫（С. М. Соловьев，1820—1979）令人信服地将门第同个体的集体家族联系起来：“可以理解，在那种农奴依附制度下，在那种为家族所有成员负责的情况下，个人价值在家族价值面前必须消失；如果没有家族，一个人就没有意义：著名的伊凡·彼得罗夫如果只是一个伊凡·彼得罗夫就没有意义，而只有与兄弟和侄子们在一起才有意义。当个人与家族融合在一起，一人得道，鸡犬升天，一荣俱荣，一损俱损。”③

符号空间的边界——不是一个人造的概念，而是最重要的功能和结构位置，决定着它的符号机制的本质。边界——双语机制，同时将外部的信息翻译为符号域的内部语言和将内部的信息翻译为符号域的外部语言。只有通过这种转换符号域才能实现与非符号的和异符号空间的交际。一转入语义领域，我们就必须向符号外现实求助。然而不应该

---

① Бирон Эрнст Иоганн（1690—1772），比伦伯爵，安娜·伊万诺夫女王的宠臣，库尔兰公爵，“比伦苛政”反动制度的创造者。——译者注

② Анны Ивановны, ред. И прим. 1874. *Письма леди Рондо, жены английского резидента при русском дворе в царствование имп. С. Н. Шубинского.* Спб. , с. 46.

③ Соловьев, С. М. 1993. *История России с древнейших времен. Кн. III.* Спб. : Общественнаяпольза, <б. г. >, стб. 679.

忘记，这种现实要成为该符号域的现实只有当它被转换为符号域的语言（就像当转换为它自己的生化结构时，外部的化学物质可以长成细胞——与之类似，两种情况都是同一种规律的表现）。

任何边界和膜的功能（从细胞膜到生物圈——按照维尔纳茨基的说法——我们的星球被膜覆盖，到符号域的边界）归结为限制渗入、过滤及将外部的加工成适应内部的。在不同的层面上这一不变函数通过不同的方式来实现。在符号域层面上，它意味着将自身的与其他的分开、过滤外部信息和将他们转换为自己的语言，就像把外部的非信息转换为信息，即把外部的行为符号化以及将之转换为信息。

可见，服务于对外交流的所有翻译机制都属于符号域边界的结构。符号域的共同边界是各部分文化空间边界的交叉。

当文化空间具有地域属性时，边界获得了基本的空间意义。在这种情况下，具有加工信息功能的缓冲机制的意义得到了保存。比如，一旦符号域与开发的文化空间一致，外部世界就会混乱而无序。那么，符号结构的空间分布在很多情况下获得了以下形式：因为具有天赋（巫师）或从事的职业（铁匠、磨坊主、刽子手）属于两个世界的那些人，就像译员一样生存在领土边界，在文化和神话空间的边界，就像组织众神世界的文化圣殿位于中心。19 世纪的文化中边缘地带的社会结构被破坏，在茨维塔耶娃（Цветаева，1892—1941）的史诗中“边防哨所”既作为城市的一部分，又属于破坏城市的那个世界。它自然是双语的。

所有与游牧部落、草原、蛮夷接壤的伟大帝国，都雇佣这些民族的人负责边界的防卫工作。这些居民构成文化双语带，保障两个世界的符号交流。文化融合区域发挥着符号域边界的功能：有共同语和克里奥化符号结构的城市、贸易之路以及其他区域。

边界的典型机制是边境爱情，拜占庭时期的狄更斯（Дигенис）或《伊戈尔远征记》。这是关于爱情组合的《罗密欧和朱丽叶》体裁，融合了两种敌对的文化空间，清晰地揭示了“边境机制”的本质。

如果从自身内在机制的观点出发，边界连接两个符号活动的域，即从该符号域的符号自我意识（在元层次的自我描写）那里将它们划分开。在文化—符号关系里，意识到自我就意味着认识到自己的特性、自己与其他域的对立性。这需要强调该域特征的绝对性。

在符号域发展的不同历史时期，边界功能的某一个方面可能占据主导地位，压制或完全消除了第二因素。

在符号域中边界还具有另外的功能：边界是加速的符号过程区域，他们总是更加活跃地向文化边缘渗透，进而从那里向结构的中心移动并替代他们。

古罗马历史的例子很好地展示了一般的规律：一些文化空间迅速扩张，把外部的团体（结构）吸收进自己的轨道并将其转换为自己的边界。这刺激了边界的文化—符号的和经济的增长，将自己的符号结构转换为中心，建立文化领导地位，最终在直接意义上占领文化中心域。这本身也促进了（通常，在返回主流的口号下）文化核心的符号学发展，在历史发展的过程中事实上已经成为新的结构，但是在旧结构的元范畴内理解自己的意义。中心/边缘的对立被昨天/今天的对立所替代。

既然边界是符号域的必须构成部分，在缺乏边界的情况下，符号域需要在无序的外部环境中为自己建构边界。文化不但建立自己的内部组织，还建立自己外部无序的类型。古希腊和古罗马为自己组织“异族人”，而“意识”建构自己的“潜意识”。第一，这些异族可能拥有相当久远的文化；第二，当然不是作为一个整体构成古代最高文明的文化系列，而是位于发展的原始阶段。古代文明可能意识到自己是一个文化整体，只是组织起一个异族世界，其主要特征是缺乏古代文化的共同语言。位于符号边界另一侧的外部体现为非结构的。

内部和外部空间的评价并不重要，重要的是边界存在这一事实本身。鲁滨孙式的18世纪野蛮人世界处于文明社会的符号学之外（相当于人工建构的动物和孩子世界，没有文化的陈规陋习，即符号机制），这是确定无疑的。

2. 符号非均衡性

从第一部分论述可见，非符号空间事实上可以是其他的符号学空间。也就是说，从该文化内部的观点看是外部的非符号世界，从外部观察者的立场可能是它的符号边缘。由此，哪里是该文化的边界取决于观察者的位置。

这一问题因为符号域组织规则的内在非均衡性而更加复杂。符号空间的特征是存在着具有组织性核心结构（经常是几个核心）向更加无形态的符号世界边缘渗透，核心结构被包围。若其中的一个核心结构不但占据主导地位，还发展到自我描写阶段，从而分出元语言系统，则不但可借助元语言做自我描写，还可描写该符号域的边缘空间，在现实符号地图的非均衡性之上建构理想的统一层。这些层级之间积极的相互作用成为符号域内动态过程的一个来源。

非均衡性在结构层面上增加了层次的不清晰。语言和文本的层级性，在符号域的现实情况下遭到破坏：他们好像处于同一层。文本被与他们不一致的语言包围，他们的解码可能根本不存在。我们设想一下博物馆的大厅：在不同的橱窗展示着不同世纪的展品，用我们所知道和不知道的语言写的题字、解码说明、专家为展览写的说明文本、游览路线图和游客行为守则。如果按照他们的符号世界安置这些游客，我们将得到某种符号域地图。

符号空间结构上的非单一性形成动态过程的后备力量并成为域内新信息加工的一个机制。在边缘地带，组织性不那么严格，拥有灵活的、可变的结构，动态过程遇到较少阻力，因此发展较快。建立元结构自我描写（语法）成为提高结构严格性和放慢发展的一个因素。没有被描写的部分或那些使用明显不同于自己语法的范畴所描写的部分发展得较快。这为将来把核心结构的功能转移到边缘以及把原来的核心变为边缘做好了准备。这一过程可从世界文明边缘与核心地带的地理位移清晰地看出来。

分为核心和边缘是符号域内部组织的规律。主导的符号系统位居核心位置。然而，如果这一划分的事实是绝对的，那么，这一事实的表面形式具有符号学的相对性，在相当程度上取决于所选择的描写元语言，即取决于我们是否与自我描写（从内在观点出发并使用在该符号域自我发展过程中产生的术语进行描写）有关或外部观察者是在其他系统的范畴内展开的。

边缘符号的构造可以是非封闭结构（语言），而是他们的成分或甚至是文本。不属于该系统的其他文本在整个符号域机制中发挥着催化剂的作用。一方面，与其他文本的边界总是强化的意义构成部分；另一方面，任何符号结构碎片或单独的文本都保持着整个系统改造的机制。正是对完整性的破坏导致加速消失的过程——按照部分重构符号整体。对已消失语言的这种重构，该文本在系统中获得了理解性，总是建构新的语言，而不是恢复旧的语言，从文化的自我意识可以看出这一点。

在文化中经常存在一定数量的文本失去了编码，这导致建构新编码的过程经常主观地被理解为是在重构（回忆）旧的编码。

符号域内部组织的结构非均衡性，一部分是由异质性本质决定的，符号域的各部分具有不同的发展速度。各种语言具有不同的时间和长度类型：自然语言相对于心理—意识形态结构而言发展得非常缓慢。因此，同步过程是不可能的。

符号域的内部边界发生多次交叉，从而在符号关系上它的各部分产生区别。信息通过这些边界传递，不同结构和次结构之间竞争，一个结构的符号不断侵入别人的空间从而产生意义、出现新的信息。

符号域内部的多样性指它的完整性。部分不是以机械的形式进入整体，而是像机体的有机组成部分。符号域的每一部分作为一个整体存在，封闭在自己结构的独立性中，这是符号域核心机制的结构特性。一个部分与其他部分的关系是复杂的并具有高度的非自动化水平。此外，他们在较高层面上获得行为特征，即获得独立选择行为的能力。在与整体的关系方面，部分位于结构的其他层上，表现出同构性。部分同时是整体的部分和它的类似物。为了解释这一关系，14 世纪捷克作家托马士·史提尼（Томаш Штитный, 1333—1401）笔下的一个形象可供参考。正如脸完整地显示在镜子中，在每一片镜子的碎片中也能显示。这样一来，镜子的碎片既是镜子整体的一部分，同时也具有与镜子整体一样的显示内容。在符号机制的整体中单独的文本在一定关系上与整个文本世界具有同构性，同时在个体意识、文本和文化整体中存在着清晰的平行现象。存在于不同层级的结构之间的垂直同构现象产生信息数量的增长。就像反映在镜子中的客体，在镜子碎片中产生数百个映像，与之类似，在符号结构整体产生的信息在较低的层级上也有所规定。系统能把单一文本转换为文本流。

然而，加工完全新的文本需要另外的机制，就必须涉及其他类型的交际。同构机制通过其他方式建立。因为不是简单的行为传递，而是交际，那么，在它的交际者之间应该不仅有共性，还要有特定的差异。这种符号过程的最简单条件可以用以下方式表达：

参与其中的次结构之间不能互相同构，而是分别与属于同一个系统的更高层的第三个成分同构。比如，绘画的语词语言与图像语言相互之间不同构，但其中的每一个在不同关系上与现实的外部符号世界同构，他们是现实在语言中的再现。一方面，这使得这些系统间的信息交际成为可能；另一方面，在他们位移过程中产生信息的独特转换。

存在着两个相似的同时也是不同的交际主体，更重要的是对话系统出现的不同条件。在信息交换中，对话包括相互性和双面性。为此需要将发送时间替换为接收时间。① 这指的是离散性在信息传递过程中可以停留。将信息分为部分的能力是对话系统的一般规则——从狗分辨尿中物质的气味到人类交际中文本的交换。应该指出，离散性可能出现在结构的那一个层次上，在物质表现中存在着较高积极性与最低周期的循环替换。事实上，符号系统的离散性出现在语言描写离散结构的过程中。譬如，文化史分期问题，在某一时期某种艺术处于最活跃状态，把自己的文本转换为其他符号系统。然而，一旦该艺术类型成为方法，这些时期就被其他时期所替代。这并不是说在描写该艺术的孤立历史时，我们在此中断：内在的研究看起来是连续的。我们应该立志在特定时期的框架下描写艺术整体，正如我们所清晰发现的，一些艺术形式的扩张在其他艺术史上“就像中断了一样”。这种现象还可以解释另外一个文化史学家们所熟知的、但理论上难以解释的现象：根据大多数文化学理论，如文艺复兴、巴洛克、古典主义或浪漫主义这些现象，虽然是由于该文化的普遍性因素产生的，应该能在不同艺术领域中更广泛的意义上，在所有智力现象中加以预测。然而，现实的文化史是另外的样子：在不同艺术形式中，类似的划时代现象的出现时间，只是在文化自我意识转换为研究概念的元层次上开始发育。在文化的现实肌理中，非共时性并不是偶然的偏离，而是常规。处于鼎盛时期的艺术表现出创新和活力。接收者通常还处于前期的文化阶段。也存在着其他更加复杂的关系，但非均衡性具有普遍性特征。从内部观点看，正是由于非均衡性，发展的连续过程表现出离散性。

可以在大范围地域文化接触的关系中加以观察：东方文化对西方以及西方文化对东方的影响过程与其内部发展非同步性相关，对外部观察者而言就是不同方向活动的离散性更替。

那样的关系系统在其他不同的对话中也存在，比如，文化的中心域边缘、上层与下层。

在更高结构层上的活动性表现出离散性，这并不令我们感到奇怪；如果我们想起音位之间的边界只在音位上，而不在语音层上，也不在言语的语音波形图上。也可以说关于边界的其他结构，比如在词汇之间。

最后，对话还应具有另外一个特征：因为被转换的文本和由此得到的回答应该从第

① John Newson. 1978. Dialogue and Development. In: *Action, Gesture and Symbol. The Emergence of Language*. Ed. by Andrew Lock. London-New-York-San Francisko, p. 33.

三种观点形成一个统一文本。从自身的观点出发，其中的每一个不仅是单独的文本，且具有成为其他语言中文本的趋势，故被转换的文本应该自身包括转换为其他语言的成分。反之，对话是不可能的。约翰·纽森（Джон Ньюсон，John Newson，1925—2010）在以上被引用的文章中指出，在乳母和乳婴之间的对话中是如何做出言语信号和面部表情的相互转换。顺便提到，其中存在着对话与单向训练（дрессура）的区别。

与之相关的是，19 世纪的文学为了对绘画产生强大影响，应该在自己的语言中包括绘画成分。类似的现象出现在地域的文化交流中。

文本对话交际（广义上）并不是符号过程的必须现象。创作于 18 世纪的孤立的罗宾逊乌托邦与现代的观点相反，即意识是信息的交换——从人类大脑半球的交换到文化间的交换。没有交际的意识是不可能的。从这一意义上说，对话先于语言，对话产生语言。

这正是理解符号域的基础：符号结构的总体在单独的孤立语言之前（不是经验上的，而是功能上的），是后者存在的条件。没有符号域，语言不但无法工作，甚至不会存在。符号域的各个次结构在相互影响中产生关联，不能独立发挥作用。在这一意义上，现代世界的符号域在空间上不断地扩展持续了几个世纪，具有了当下的全球性特征，包括人造卫星、诗人的诗歌、动物的叫声。符号空间所有这些成分的相互关系不是隐喻，而是一种现实。

符号域具有历时深度，因为它是有记忆的复杂系统，没有这种记忆就无法发挥作用。记忆机制不仅存在于单独的符号次结构中，而且在符号域中作为一个整体存在。虽然我们被符号域包围着，符号域可以是无序的客体，自由成分的集合，应该假设在它的内部存在着秩序和部分之间在功能上的联系，他们之间的动态一致性构成了符号域的运动。这种假设符合经济原则，否则单独交际的明显事实会变得难以解释。

符号域（次结构）成分向他们特性的方向动态发展，扩大了其内部的多样性。但其整体性并未破坏，因为所有交际过程的基础是不变的原则，故而彼此之间具有相似性。这一原则建立在对称性—非对称性（在语言层上这一结构特征被索绪尔称为“相似与区别机制”）组合上，在所有生命过程的所有形式中周期性地更替繁荣和衰减。本质上这两个原则可归结为更为一般的统一：对称性—非对称性可被视为某个整体通过对称而分解，其结果是出现了镜面—反映结构——之后多样性和功能特殊性增长的基础。循环是在自己对称轴基础上的旋转运动。

这两个原则在不同的层面上都可被观察到——从宇宙世界中循环的对比（轴心的对称性）、动物世界所遵循的原子核的单向运动，到神话（循环的）和历史（单向的）的时间。

因为这些原则的组合具有结构特征，不仅超出了人类社会的框架，而且超出生物世界，允许确立最一般结构的相似性。譬如写诗，自然就会出现这样的问题：整个宇宙难道不都是进入更一般符号域信息？世界不应该被阅读？不见得当我们有能力的时候再回答这个问题。对话的可能性指的是成分的异质性，同时也是同质性。符号学异质性或多相性（разнородность）指的是结构异质性。在这一关系中符号域的结构多样性构成它的机制基础。大概，这适用于解释我们所感兴趣的问题，应该解释原则——维尔纳茨基称为“居里—巴斯德原则”（Кюри-Пастер）并认为这是“科学逻辑—理解自然的基本原则之一”：“非对称性只能是由那样的原因引起的，这种原因自身已经具有非对称性。”①

反型性（энантиоморфизм），即镜面对称性，两部分像镜中倒影一样，并不重合相互之间的关系，就像左边与右边。反型性是结构的一致性和区别组合的更加简单和普遍的情况。这种关系形成了对比性差异，既区别于无益于对话的一致性，也不同于使得对话无法展开的非相关性差异。如果对话性交际是意义形成的基础，那么，整体的反型性划分和差异的相近在意义生成机制中就是各部分结构性对比关系的基础。②

镜面对称构成结构多样性和相似性的必要关系为对话关系的建立提供前提。一方面，系统不是完全一致的，会产生各种文本；另一方面，这些文本之间可以轻松转换，这保证着文本间的互译性。如果说为了对话的可能，对话参与者应该同时是差异性的并在自己的结构中具有对方的符号学形象③，那么，反型性就成为对话理想的、初级的“机器”。

简单镜面对称在根本上改变着符号学机制功能的证据是回文现象。这种现象鲜有研究，因为把它视为一种诗歌游戏，即“语词游戏艺术”④，有时公开贬称为“词技”⑤。其实，只要略做研究，就会发现这一现象存在相当严重的问题。我们在此并不关心回文保留词汇意义或词组，且具备正反两个方向读都一样的特征，而是文本构成机制和意识是如何变化的。

想起阿列克谢耶夫院士（В. М. Алксссв，1881—1951）分析的一个汉语回文例子。他指出，孤立的汉字只是提供了一个语义族（смысловая гнезда）表征，而具体的语义和语法特征只有在与文本链的相互关系中才能揭示，不考虑词—符的顺序无法确定孤立汉字的语法范畴和实际的附加意义。故阿列克谢耶夫院士指出，在汉语回文中异常的语法—意义位移现象取决于阅读的顺序。在汉语的回文（即一般诗歌的词汇反序）中，所有汉语的音节词（слого-слово）均遵守规则的分布位置，承担着其他角色，如句法

① Вернадский，В. И. 1977. Правизна и левизна. -В кн.：*Размышления натуралиста*：*Научная мысль как планетарное явление*，*кн*. 2. Москва：Наука，с. 149.

② См.：Иванов，Вяч. Вс. 1978. *Чет и нечет. Асимметрия мозга и знаковых систем*. Москва：Советское радио.

③ См. Об этом сатью З. Г. Минц и Е. Г. Мельниковой в настоящем томе.

④ Квятковский，А. П. 1966. *Поэтический словарь*. Москва：Сов. Энцикл.，с. 190.

⑤ Л. И. Тимофеев и С. В. Тураев（редакторы-составители）. 1974. *Словарь литературоведческих терминов*. Москва：Просвещение，с. 257.

的和语义的。① 据此，阿列克谢耶夫做出了一个有趣的方法论特征结论：回文是研究汉语语法无比珍贵的材料。“结论是清晰的：(1) 回文是可能性手段中最能展示汉字音节词相互关系的素材，不能采用人造的、笨拙的、平庸的，甚至是课堂上训练学生汉语语法所用的那般粗陋的语料；(2) 回文是建构汉语（也许不仅是汉语）词汇和简单句理论的最好汉语材料。”②

对俄语回文的观察导向不同的结论。基尔萨诺夫（С. Кирсанов, 1906—1972）在短文中对俄语回文作者的心理问题做了有趣的观察，指出自己还是中学生时曾无意识地自言自语道：“海豹不凶猛”（Тюлень не лют）——突然发现，这句话反过来也是一样的。从那时候起，我就经常练习反着读。渐渐的，我从整体上观察词——那些自我押韵的词及其组合并非随便产生的句子。③

俄语回文的机制在于词的可见性，这让我们能够反过来读。还有件有趣的事情：在汉语中，汉字好像隐藏了自己的形态——语法结构，反过来读则能够揭示这一隐藏的结构，把整体的和可见的呈现为隐藏的连续结构成分的组合。俄语的回文要求看到完整的词，即将它理解为完整的图画，具有自己类型的文字。汉语的回文将可见的和整体的转换为离散的和分析上有区别的，俄语回文直接激活对立：可视性和整体性。在相反的方向上阅读激活了意识的另一半球的机制。文本的反型性构造的基本事实改变与它相关的意识的类型。

将回文理解为无益的“技艺”、无意义的故弄玄虚，类似于克雷洛夫寓言中大公鸡对珍珠粒的看法。不妨回顾一下这则寓言的主旨：

> 没教养的人这样评论：不懂其中道理的人，所有的事情在他们那里都是小事。④

回文激活了语言意识隐藏的层级，对于大脑功能非对称问题的实验是非常宝贵的材料。回文不是没意义的⑤，而是多义的。在更高层面上，反向阅读具有神奇的、宗教的、隐含的意义。文本的正常阅读等同于显性的，而反向阅读具有文化的秘密性质。在咒语、魔术套语、大门和墓碑题词中，公开使用回文，那些文化空间的边缘或魔术活跃的地方，即与土地（正常的）和地狱（相反的）力量交界的区域。主教和诗人西多尼·阿波里纳里（Сидоний Аполлинарий, 430—486）把著名的拉丁回文的作者归结为恶魔：

> 祈祷吧，祈祷吧，

---

① Алексеев, В. М. 1951. Китайский палиндром в его научно-педагогическом использовании. - В сб. : Памяти академика Льва Владимировича Щербы. Л. , с. 95.

② Там же, с. 102.

③ Кирсанов, С. 1966. Поэзия и алиндромон. - *Наука и жизнь*, № 7, с. 76.

④ Крылов, И. А. Полн. 1946. Сбор. Соч. , т. III. М. , с. 51.

⑤ С. Калачева в заметке, написанной с позиций крыловского персонажа, так комментирует поэму Хлебникова “Разин”: Значение, смысл слов и словосочетаний перестают интересовать автора <... > Набор этих строк мотивирован лишь тем, что его можно с одинаковым успехом читать справа налево и слева направо. Словарь литературоведческих терминов. М. , 1974, с. 441.

而你并不知道，

对我这是一种侮辱和压迫。

罗马，

你用这些符号手势出其不意地招来了喜爱。

形成对称与非对称组的镜面机制，在所有的意义生成机制中拥有如此广泛的扩展，一方面可将其称为分子层和宇宙普遍结构的法则；另一方面是人类精神的全球构成。对于“文本”概念界定的那些现象，无疑具有普遍性。凸起的炼狱和凹陷的地狱空间的镜面性是与宗教（直接的）和地狱（相反的）结构所对立的那些平行结构的典型特征，但丁将这一外形重复视为形式及其填充物。可以把《叶甫根尼·奥涅金》的结构视为情节的回文结构，在一个方向上运动，“她”爱“他”，在信中表达自己的爱意，但得到了冰冷的回复；与之对立的表达“他”爱“她”，在信中表达自己的爱意，而自己得到了冰冷的回复。类似的情节构成是普希金创作的典型形式。① 在《上尉的女儿》中，情节从两次游行开始：格里涅夫去庄稼人沙皇那里挽救陷入痛苦的玛莎。然后，玛莎去贵族女皇那里营救格里涅夫。② 19 世纪欧洲文学淹没了浪漫主义和后浪漫主义两条线，经常直接与镜子和反映的主题相关，这是在人物层面上类似的机制。

当然，所有这些对称与不对称只是意义产生的机制，就像人类大脑的双侧不对称性，说明思维机制不是先确定其内容，他们决定着符号情境，但不决定信息的内容。

就镜面对称性改变文本的本质，我们再举一例。塔拉布京（Н. Тарабукин，1889—1956）揭示了绘画构图的规律。根据这一规律，绘画对角线的轴心从右下往左上角形成积极的效果；反之从左下到右上就会出现活跃的和压抑的效果。从这一观点看，籍里柯（Théodore Géricault，1791—1824，法国画家）的名画“梅杜莎之筏”非常有意思。其构图建立在两个断续的对角线上——消极的和积极的。筏运动的路线，被风吹得从右向左。它将自然的力量拟人化，把一群遭遇沉船的无助的人们冲走。与之相反，积极的一条线，艺术家强调了几个人的身材，他们为摆脱悲惨的境遇倾尽最后的力量。他们没有停止斗争。他们高高举起一个人，让他挥动着头巾，以便能吸引远处地平线上经过的船的注意力。③ 以上所言得出一个实验可证的事实：同一幅画，如果将版画的复制品改为镜面对称性，就会改变情感所强调的重点。

所指出的这些现象的原因在于：被表现的对象在内部结构中具有对称和不对称面。经过反型性改造对称面变得中立，不再表现出自己，而非对称成为主要的结构特征。因此，镜面对称的对偶是对话关系基本的结构基础。

---

① См.：Благой，Д. 1955. *Мастерство Пушкина*. М.，с. 101 и сл.

② См. Лотман，Ю. М. 1962. Идейная структура《Капитанской дочки》. - В сб.：Пушкинский сборник. Псков.

③ Тарабукин，Н. 1973. Смысловое значение диагональных композиций в живописи. - Уч. Зап. / Тартуский гос. Ун-т，вып. 308. *Труды по знаковым системам*，*VI*. Тарту，с. 479.

镜面对称规律是意义生成机制内部组织的主要结构性原则之一。在情节层面上包括以下现象：喜剧演员与“严肃演员”平行现象，出现了双线，平行的情节与其他得到详细研究的内在结构具有双重现象。与之相关的是，文学和绘画中镜子的魔术功能和镜面动机的作用。“文中文”现象具有同样的本质。① 可将我们在其他地方研究的现象与之对比在整个民族文化层面观察到的现象：相互认识和包含在某些共同文化世界的过程不仅引发独立文化的趋同，而且使得特殊化进入某种文化共性，文化开始培育自己的独特性。与此同时，其他文化将它编码为“特殊的”“不一般的”。孤立的文化“对自己来讲”总是“自然的”和“一般的”。只有将部分变成更大整体的一部分，它才会吸收外部的观点并把自己理解为特殊的。“西方”和“东方”类型的文化共性在非对称功能作用下形成反型性对偶。

因为符号域的所有层面，从人的个体或单独的文本到全球符号共同体，就像互相嵌入式的符号域，他们中的每一个同时是对话（符号域的部分）的参与者，对话（整个符号域）的空间，每一个都表现出右派或左派并在更低层面上包括右边的和左边的结构。

以上将空间的对称与非对称的交叉和强度的正弦替换，时间过程的衰减，确定为符号域结构形成的基础，产生了离散性。最后，将这两点合并为一——左派与右派的产生，从遗传—分子层到最复杂的信息过程是对话的基础，即所有意义生成过程的基础。

参考文献

[1] Nakhimovsky, A. D. & A. S. Nakhimovsky. *The Semiotics of Russian Cultural History* [M]. New York: Cornell University Press, 1985.

[2] Salupere, S. & P. Torop. *On the Beginnings of the Semiotics of Culture in the Light of the Theses of Tartu-Moscow School* [M]. Tartu: University of Tartu Press, 2013.

[3] Лотман, Ю. М. *Внутримыслящихмиров* [M]. Москва: Язык русской культуры, 1999.

[4] Лотман, Ю. М. *Семиосфера* [M]. Санкт-Петербург: *Искусство*, 2000.

[5] Лотман, Ю. М. Семиосфера [J]. *Sign Systems Studies*, 1984, Vol. 17: 5－23.

[6]〔苏联〕巴赫金：《文本、对话与人文》，钱中文主编、白春仁等译，石家庄：河北教育出版社，1998。

[7] 白春仁：《我看“符号域”的学术价值》，郑文东：《文化符号域理论研究》，武汉：武汉大学出版社，2007。

[8] 贾洪伟：《翻译符号学的概念》，《外语教学》2016年第1期。

---

① См. Статьи Вяч. Иванова, П. Х. Торопа, Ю. И. Левина, Р. Д. Тименчика и автора этих строк в сб. 《Текст в тексте》. Уч. Зап. /Тартуский гос. Ун-т, вып. 567. *Труды по знаковым системам, XIV.* Тарту, 1981.

[9] 贾洪伟：《雅可布森三重译域之翻译符号学剖析》，《解放军外国语学院学报》2016年第5期。
[10] 吕红周、单红：《从翻译的重新定位谈翻译符号学》，《外语学刊》2016年第5期。
[11]〔瑞士〕费尔迪南·德·索绪尔：《普通语言学教程》，高名凯译，北京：商务印书馆，1980。
[12] 郑文东：《文化符号域理论研究》，武汉：武汉大学出版社，2007。

译者简介

吕红周，男，河北石家庄人，副教授，博士，研究方向：符号学、翻译学。

基金项目

山西省哲学社会科学规划课题“山西十大文化符号与多语传播研究”（项目编号：2018B136）。

论文选登

生态符号学学科建构探索[①]

王铭玉 佟 颖

摘 要： 从20世纪下半叶开始，生态学的强劲发展引来了学科的泛化和生态学化，学界尝试将人文、社会、经济发展与生态可持续发展相结合，从生态的视角审视各种问题，生态符号学应运而生。目前，虽然相关研究备受关注，但关于生态符号学的许多基本概念仍不清楚，研究对象也不够明晰，与相近学科的区分尚不明显，学科地位难以确定。本文通过对既往成果的总览、梳理、评述，对相关基础性问题展开了探索性研究，力图回答有关学科建构的一些关键性问题：生态符号学的学科界定、学科定位、学科旨趣、学科基础、学科原则、学科应用等。并对生态符号学和语言学的关系、生态符号学对语言学研究的启示进行深入的思考，强调生态符号学建立的必要性和可能性。

关键词： 生态符号学 学科建构 基础研究 应用分析

1 引言

“生态学”这一术语是由恩斯特·海克尔（E. Haeckel）于1866年首次提出和定义的。换句话说，生态学已经发展了很长时间。直到20世纪70年代，生态学的发展才呈现出一个非常重要的趋势，即生态泛化。（黄国文，2017：15）

20世纪90年代初，生态学之风涌入符号学的大院。起初，塔图学派将符号学运用于生物学领域，推动了生态领域的符号学研究进程。1993年，艾尔弗雷德（L. Alfred）提出“符号生态学”，并建议以皮尔斯（C. S. Peirce）符号学为基础进行研究；1996年，诺特（W. Nöth）提出“生态符号学”，并加以界定。同年，伯纳德（Bernard）、鲍姆（Böhme）、豪泽（Hauser）、霍夫梅耶（J. Hoffmeyer）、霍恩伯格（A. Hornborg）发文探讨该领域中的相关问题；1997年，莱姆克（J. Lemke）以社会符号学为背景阐述此概念，坦布罗克（G. Tembrock）提及“生态符号学”和“环境符号过程”，霍夫梅耶以“eco-semiotic”命名这一学科；1998年，诺特和库尔（K. Kull）分别以《生态符号学》和《符号生态学：符号域中的多重自然》为题发文。2001年，两人将这一学科定名为“生态符号学”（T. Maran & K. Kull，2014：42－43）。

国内对该学科的关注较晚，以论文为主。如胡壮麟（2014）从历时角度介绍生态符号学各发展阶段的代表人物及其思想观点；代玮炜等（2014）从“符号域”与“环

① 本文发表于《当代修辞学》2020年第5期。

境界”融合的角度论及生命符号学和生态符号学的渊源和发展情况；朱琳等（2014）探讨了生态符号学在民俗仪式中的应用；岳国法等（2016）探讨了生态符号学在自然文学文本批评中的应用价值；姚婷婷（2017）从继承、推进、融合和前瞻等阶段探讨了新塔图学派学者对传统理论的发展，把生态符号学视为融合阶段的产物；彭佳（2017）探讨了生态符号学的基本原则；王新朋等（2017）则从文化符号学和生物符号学角度分析了生态符号学的两个基本概念——“符号域”和“环境界”。

2 生态符号学的学科界定

诺特认为，生态符号学关注所有生命体和自然环境之间的符号互动，自然符号是其研究对象。这一定义囊括了所有生命体与内/外环境互动的符号学方面，与生物符号学基本同义。（彭佳，2017：58）库尔（1998：349）质疑诺特的界定，将“符号生态学”界定为人与生态系统之间的符号关系研究，主要探讨符号调节下的文化与自然之间的关系。这种定义表明，人作为意义主体，他的符号活动影响着整个生命意义世界，对其他生命体的符号活动和生态圈的形成、发展和变化发挥着重大作用。

生态符号学的融合性和跨学科性使相关学科的学者产生了浓厚的兴趣，他们从不同角度来理解生态学和符号学的结合，此举虽然丰富了二者的交叉性和接缘性，但也造成了生态符号学在命名形式上的多样性，在一定程度上使得这门新兴学科与很多相近学科和分支学科混淆不清。迄今为止，学界对该学科的定义尚没有一个统一的、确定的认识，研究对象不明确，研究任务不具体，学科的内涵和外延界定不清，极大地限制了该学科的发展速度。

当然，从术语结构角度来看，“生态符号学”这一学科名称可拆分为“生态 + 符号 + 学”（ecology + sign + studies）、“生态 + 符号学”（ecology + semiotics）和“生态符号 + 学”（eco-sign + studies）等三种模式。他们从不同视角勾勒着生态符号学的图景，又分别从不同角度阐释着该学科，凸显其研究的侧重点。“生态 + 符号 + 学”的界定方式指明了生态符号学的跨学科性，是自然科学和人文科学发展到一定阶段，生态学和符号学相结合的产物。二者构成生态符号学的理论基础，两学科融合的关键在于“符号域”和“环境界”的同质性。“生态 + 符号学”指的是生态学基本理论在符号领域的应用研究，发挥生态学的方法论价值，注重理论的嫁接式拓展。也就是说，生态学的理论范式、研究方法、路径等参与符号领域的知识生产，生态学术语被符号学领域借用，并融合产生新的术语概念体系或理论框架。“生态符号 + 学”是狭义的定义，这种界定方式指明生态符号学对生态符号的研究，即从多角度探究生态符号的形式、内涵及功用，从而清晰地认识自然和文化的相互作用，并利用二者之间的这种互动来引导生态符号的生产和制作，加强人、文化和自然的和谐互动。

综上，我们认为，生态符号学是以生态学和符号学为基础，将生态学的概念和理论用于符号研究，并分析生态符号的产生机制和运作规律的学科。

3 生态符号学的学科定位

生态符号学作为生态学与符号学融合的交叉学科，与生物学、生态学和符号学有着千丝万缕的联系，与符号生态学、生命符号学和动物符号学等交叉学科存在着复杂纠缠的关系。

首先，从学科归属来看：符号生态学是生态学的延伸，属生态学分支，探讨生态学领域的生境、种群、互惠、共生、生态位等概念和模型与人类的符号活动和符号之间的关系。（J. C. Bang & W. Trampe，2014：88）生命符号学、动物符号学和生态符号学则是符号学的分支学科，他们运用相关学科的概念和方法来分析符号学领域的问题。如果将生命的起源和变化看作由生命代码操控的过程，像似符出现在所有的符号过程中，生命体受本物种基因控制，在很多方面保有共同特征；指示符在一般动物的符号过程中占主导，反映了动物的进化轨迹；而象征符随着抽象化程度的提升，主要反映于人类这种高级动物的符号过程之中。因此，所有生命体都有符号活动。据此，生命符号学几乎与符号学同域，它既包括人类的符号世界，也包括动植物的符号世界。由此可以认为，动物符号学只是生命符号学的分支学科。

其次，从研究对象来看：生命符号学的研究范围囊括所有生命体，考察全部符号过程，强调符号过程与生命过程的一致；动物符号学研究人类和非人类的前语言符号过程和行为，包括生理行为，扩大了符号学中非语言符号研究的范围；生态符号学把生态系统看作交流系统，研究与生态现象（物种、种群模式和结构之间的关系）有关或相似的符号过程，将一定空间内的符号关系作为研究对象。（T. Maran & K. Kull，2014：41）

再次，从学科性质来看：生态符号学将符号过程与生命系统绑定在一起，把生命的起源视为指称、代码、意义和符号过程的起源（同上），对生物学和非象征性符号过程的进一步认识是其产生的主要原因。生态符号学打破文化与自然的对立，借助符号域，分析整个生态系统的交际意义。

4 生态符号学的学科旨趣

生态符号学致力于探索生命体的符号活动，生命体之间的关系是平等的。人类作为特殊的生命体，在构建自我世界的过程中，不能过分张扬主体性，应积极反思，为其他生命体的符号活动负责（彭佳，2017：54）；生态符号学致力于弥合自然与文化的裂隙，实现二者的共荣。因此，生态符号学作为研究生命体的符号活动及生命体与环境之间的符号关系的学科，其学科旨趣就是实现生命体之间、生命体与环境之间、文化与自然之间的平等对话，使生态系统中的生命符号过程具有连续性。比如，针对濒临灭绝的动植物，人类应该适当抑制自己主体性的发挥，留出足够的生命空间，根据物种的符号关联特性，维护和改善环境，保其生存，促其繁衍，实现人类与其他生命体之间的和谐共存。

5 生态符号学的学科基础

20 世纪后半期，随着符号学的研究扩展至生命活动，生态学和符号学一拍即合，生态符号学得到了蓬勃发展。符号学、生态学及其分支学科的学者纷纷从各自角度对其阐述、分析，在推动该学科向前发展的同时，也为其提供了坚实的理论基础。(胡壮麟，2014：2－4)

(1) 莫斯科–塔图学派的符号学理论

莫斯科–塔图学派最早将符号学方法引入生态研究，考察所有生命符号活动，用结构主义方法描写物质环境，用文本意义指称自然环境中的情景，由该学派学者提出的“符号域”和“环境界”两概念的融合直接促成了生态符号学的产生。洛特曼(J. Lotman) 受维尔纳茨基（В. И. Вернадский）“生物域”启发，提出“符号域”概念，用来阐释思维、文本和文化的世界。乌克斯库尔（J. Von Uexkull）在生物学领域提出“环境界”概念，用来描述人和动物的世界。符号域中的元文本与环境界中的元解释意义相当，文本与语境之间的关系类似于生命体与环境之间的关系，模塑（model）为两者的融合提供了通道，即生命体通过映现和构建生存环境实现二者之间的交流与融合，文本与语境之间也存在这种描摹和塑造的关系。(王新朋等，2017：147)

(2) 西比奥克的动物符号学

西比奥克（Thomas Albert Sebeok）打破了莫斯科–塔图学派的模塑系统观，将生命体的感知系统作为第一模塑系统，因此，动物的所有活动，包括生理活动，都是符号行为。人作为生物有机体和文化生物，能运用高层次的模塑系统来描述并反思符号活动，传递和评价符号行为中的信息。

(3) 诺特的宇宙整体观

受皮尔斯（C. Pierce）和莫里斯（C. Morris）的符号学思想影响，诺特认为，符号由媒介、对象和解释等三项构成，生命体感知环境，通过思维产生意义，并生成符号，这才是完整的符号行为。总之，诺特侧重有机体和环境之间的符号关系，主张宇宙整体观。

(4) 乌克斯库尔的客观环境（Umwelt）论

乌克斯库尔是最早关注有机体和环境之间的符号关系的学者，认为有机体的内部世界含有对客观环境的认知模型，二者之间构成“解释循环”，有机体接受环境的同时构建环境。因此，乌克斯库尔的“客观环境”带有明显的主体性，这一命名只是针对 Haeckel 的“外部世界”。

(5) 库尔的人类生态学

库尔强调主体的人类生态学的重要性，认为生态符号学应处理人与生态系统之间的互动及其符号生成过程。库尔反对乌克斯库尔“环境界”中的自然独特观，将自然划分为零度自然（无人踏足的纯粹荒野）、一度自然（语言和符号指认的自然）、二度自然（是我们对自然的意象）和三度自然（艺术品或科学中虚拟化的自然）。这种划分有其合理性，但在彼此边界划分或科学界定上也存在模糊问题。我们认为，一方面，零度自然应该是未被染指的荒野，一度自然是人类对自然的抽象意象；二度自然是根据意象重建的自然；三度自然是对自然意象的符号呈现。另一方面，人类的符号过程就是环境符号化的过程。因此，从某种程度上来说，与人类相关的生态系统只能称为再度自然，零度自然几乎不存在。如一个国家或地区的风貌均带有设计感，呈现出均匀性、规律性和对称性等等。受人类特有文化的影响，某些自然生物被冠以“美名”和“恶名”，其物种的生存和发展受到干预，失去了平衡。如在汉文化中猫头鹰是凶兆，在俄罗斯文化中猫头鹰却象征着吉祥、幸福。因人类的喜恶，同一种动物的生存状态和发展状况在两个国度的差别很大。人类至今还没有清醒地认识到再度自然的入侵程度，也没有意识到之后的递度自然中生态描写的歪曲性，因此，很难真正维持人类与其所在生态系统的平衡。

（6）迪利（J. Deely）的生物中心主义

迪利认为人类文化只具有相对的自主性，其生成要结合和依赖生物符号，人类社会是生态系统的成分之一。生态符号学正是基于此观点，调整人类文化与自然的关系，消除对立，弥合裂痕。

（7）霍夫梅耶的文化—自然三维观

霍夫梅耶将自然分为内部自然和外部自然，这样，自然与文化形成了三角关系，突破了库尔所认为的生态符号学只研究文化与外部自然之间的关系，且这种研究在共时和历时双向轴列上进行，并不仅限于库尔所说的共时轴向。

6 生态符号学的学科原则

生态符号学的构建是个系统工作，首先需要构拟理论框架，制定理论原则。世界符号学三大流派之一的莫斯科—塔图学派的系列思想对生态符号学有着重要的启示意义，洛特曼“模式化系统思想观”、马伦（T. Maran）和库尔“理论框架观”（2014：43－47）等为生态符号学理论原则的生成提供了基础性的脉络（王铭玉、王双燕，2019），我们尝试对其进行归纳和阐释，并提出以下九条原则。

（1）关系原则

生态群落结构（Ecological community structure）以符号关系为基础。大多数物种内和物种间的联系依赖于个体和集体的记忆、经历、交流和定位等，生命和符号活动具有同延性，符号活动本身是一种关系现象，它把生物体和他们的对象，以及生态系统中不同的生物体或不同层次的组织联系在一起，如我们熟知的食物链系统就反映了生命体之间的符号关系。

（2）秩序原则

符号的变化可以引起事物现有秩序的变化。生命体对环境的映现改变着环境，环境中符号活动的变化会影响生态和进化时标（timescale），不同动物的生态位构建反映生态水平，生物拟态（biological mimicry）是进化效应的实例。如加拿大"海狸水坝—建造"就体现了动物对周围环境的映现。据北美海狸专家们推测，该水坝由多个海狸家族联手建造，为这一地区的海狸们提供了良好的栖息地，改变了原有生命体之间的符号关系，进而改变了周围的生态。

（3）调节原则

符号活动调节着生态系统。生命体的符号活动可以通过建构意义、发挥调节作用，保持生态系统的综合和稳定，也能通过注入创造性的力量促使生态系统发生变化。如苍鹭经历代繁衍掌握了一种诱捕鱼类的方法，他们在饥饿的时候捉些小虫放到水里，待鱼群聚集后，趁其不备迅速捕食游到身边的鱼。这种创造性的猎食方式很好地体现了符号活动的调节作用，改变生态系统的同时，也自为地保持着系统的综合和稳定。

（4）退化原则

人类对环境的认知操作演变成物理操作，导致自然出现了符号化和文化化的情况，即被人类染指的第二自然出现，人类的象征符号活动具有去语境化的能力，与环境退化有着深刻的联系。如人类出于经济利益、文化审美等多种原因，小范围内给花园和公园中的植物造型，使其已经失去了原生状态，成为符号化的景观，而大范围内砍伐森林建造房屋等则彻底剥夺了自然环境中某些物种的生存权利，人类符号行为的扩张性会导致环境的退化。

（5）关联原则

从能量和生物地理化学角度看，人类文化是生态系统的一部分；从符号学角度看，文化模型是生态系统建模的元型；人类对环境的符号学介入本质上是混合的，除象征符号外，像似符号和索引符号都将人类的符号活动与周围环境紧密地连在一起。缺乏生态维度的文化概念是不完整的，文化与自然的二元对立是不合逻辑的。

（6）环境原则

环境辅助记忆，记录关于某一地域所有权的信息和定位的线索，不同物种通过感知—行动的循环参与到生态系统中；环境是生态系统作用的时空表现，组织和协调生态关系的界面，交流和符号关系通过环境结构发挥作用。例如，欧洲高速公路周围的无声区，因听觉环境变化，生物体之间无法正常交流，致使鸣禽数量剧减，这是环境变化导致生命体之间产生符号冲突和交流冲突的例证。

（7）有限原则

人类的叙事性描述不适用于生态符号活动。非人类物种的符号可归纳为只是简单符号关系的累积效应或使用环境辅助手段的共同效应，不涉及语言，不具有叙事性。叙事性描述作为对生态事件的隐喻式叙述，是人类解释的一部分，在环境符号化的过程中不可避免，但不能充分描述人类与环境之间的非象征性（像似性的、索引性的、无意识的）符号关系，且这种叙述往往产生象征意义。

（8）模塑原则

模塑即“模式化”过程，是生命体理解世界的路径，展示生命体对世界的映现，也是世界形成的渊源，反映世界对生命体的意义。（王新朋等，2017：146）受洛特曼影响，塔图学派符号学家认为自然语言模塑现实世界，是第一模式化系统，而文化，基于自然语言，是第二模式化系统。（代玮炜等，2014：84）西比奥克受此种思想启发，认为所有生命体的感知系统是首度模塑系统，语言是第二，其他是第三，生命体根据各自的功能圈感知、辨认世界，并生成意义，从而模塑出本物种特有的环境界。（彭佳等，2012：119）

（9）文本原则

从功能视角看，自然环境在一定程度上具备文化性，是可以被文本化的，自然—文本就是文本与自然环境之间的中介单元。马伦（2007：284）认为，生态符号学描述自然环境本身，也研究书写文本。自然—文本概念使自然文本化，进而从符号域角度分析，使生态符号学具有了实际的操作性。人类的书写文本中对环境的描述不必细致到传达所有含义，读者凭借感知过的环境能想象出来文本所指向的对象。阅读文本的过程是双重的，感受文本描写与个人感知的环境对立的同时，读者又能凭借记忆和认知能力将人类符号模型、动物符号模型和自然完美融合在一起，使人类、图景和自然形成一个连续统，展现动态的进化过程。

7 生态符号学的学科应用

生态符号学，如同符号学一样，在很多领域发挥着方法论作用，从现有研究来看，主要涉及文学、民俗学、图形语言分析、地图学等具体领域。

7.1 文学

岳国法等（2016）以贝斯顿（H. Beston）的《遥远的房屋》（*The Outermost House*, 1988）和威廉斯（T. Williams）的《心灵的慰藉》（*Refuge: An Unnatural History of Family and Place*, 1991）为例，运用生态符号学分析自然文学的文本世界，从像似性方面展示自然现象有限性中的无限性，从文本的符号现实化方面探讨人、自然和社会之间的关系，突出自然文学创作的美学价值。

7.2 民俗学

朱林等（2014）通过分析凉山彝族会理县“密”仪式（此仪式是一项治疗仪式，

具有典型过渡仪式特征，在一定程度上体现了自然崇拜的思维机制）来阐释人、自然与文化之间的相互作用，指出人是一种符号动物和伦理动物，人类一直在反思与世界（包括物质世界、文化世界和思维世界）之间的关系。

7.3 图形语言分析

伊瓦先科（И. И. Иващенко, 2015）以 20 世纪后半期到 21 世纪初的环保图标为对象物，将图标的形态学、生态符号学方面的特点及其真实性作为研究对象，分析中国、日本、韩国、印度、巴西、瑞典、西班牙、新西兰等国家和地区的环保图标的特点，指出国家和地区的自然环境、文化遗产、民族、宗教和哲学伦理对生态符号产生、使用和发展的重要影响。

7.4 地图学

泰勒（D. R. F. Taylor, 2015）在《现代地图学丛书》（*Modern Cartography Series*）的“作为地图像似符号的景观”（Landscape as a Cartographic Icon）一节中指出，景观往往应用透视法，运用色彩象征不同的地理环境（如蓝绿色表现低洼的湿地，褚褐色表现高原和干枯的地域），运用体积来呈现“远”和“近”的概念。地图则应用垂直法，通过比例和位置来呈现某一地域的地理环境。二者的绘制都包含人的主体性，是带有特定目的的符号活动。绘图者引导看图者关注本人或者行政者希望其关注的点，达成改造或改建某地区的目的。因此，地图作为特殊的生态符号，已经成为发展新型通讯形式的重要战略工具。

8 生态符号学对语言学研究的启示

语言属于典型的符号系统，任何一门研究符号学的学科不可能绕开语言符号而独自前行。首先来看生态语言学。近些年来，生态语言学发展迅猛，它借鉴生态学原理来研究语言符号，研究人这个有机生命体与其周围语境的相互关系。目前，生态语言学为学界所熟知并且广泛认同的是 Haugen 模式和 Halliday 模式，主要关注生态语言学的三个热点问题：语言的多样性问题，保护濒危语言、“弱语言”问题，语言人权问题。显然，生态语言学不仅观照，而且以研究语言学为己任。生态符号学作为它的上位概念，除了从生态学的角度对语言学的系统观照之外，它还从生态符号学的角度为语言学研究提供方法和思路，带来一些重要的启示。

8.1 符号域（semiosphere）以语言为界

当今的塔尔图符号学是建立在文化符号学和生物符号学这两大符号学传统之上的，二者的标志性学术理论可分别归于“符号域”和“环境界”两个术语。根据洛特曼的界定，符号域指的是符号存在和运作的空间和机制，它既是文化存在的条件，也是文化发展的结果。（胡易容、赵毅衡，2012：69）各文化的自然语是符号域的边界，语言作为基本符号构成各类文本，文本再组成符号域，形成文化自身的屏障，任何外来文本都要经过这道屏障的检测、过滤，发生一定的变化才能进入（代玮炜等，2014：84）。因此，在语言学的研究之中，我们可以充分运用“符号域”这一概念，尤其在文本意义的多次转换和激活中，要考虑到“语言边界”的特殊作用。

8.2 “环境界”是个体语言生存的语境

乌克斯库尔是20世纪推动生物学进行符号学转向的开拓者，他提出了“环境界”的概念，从而促使符号学研究从以人类为中心逐渐拓展到生物学领域。环境界包括生命体的感知世界（Merkwelt）和行为世界（Wirkwelt），两者相互融合，形成功能圈（functional cycle）。换言之，生命体通过感知和行为，探测周围的世界，展开对所生存环境的解释。（王新朋等，2017：145）显然，环境界源自阐释，也是一种交流的场域，它弥漫着无尽的符号活动。对语言学而言，这一概念不仅适用于语言符号，也指非语言符号系统，并和符号域概念联系起来：符号域是所有彼此关联的环境界的集合，任何两个环境界，倘若正处于交流之中，都是同一符号域的一部分，环境界是一种个体的符号空间。（Kull，2005：179）二者相比，符号域的空间更大，它是符号活动、意义生成和质性多样化的空间，也是展现整体部分关系的空间，多样性是它的核心概念；而环境界则凸显了生命体对环境解释和选择的主体性，有助于应对全球面临的文化同质化趋势。所以，在语言学研究中，我们既要分析质性多样的符号域，同时也要关注彼此间的界限以及生存的语境，尤其要把握“语言差异”问题，因为交流往往促使彼此的环境界更为相似，引发世界同质化和多样性的丧失，这一点在生物群体和人类文化中莫不如此。

8.3 多重自然（different natures）加强了语言的作用

对于自然的分类有多种说法，如前所述，生态符号学家卡拉威·库尔提出了多重自然的概念。依他看来，在符号学的视域下，自然从来都不是单一的存在，而是多重的融合，人类环境界之中的自然可以切分为四重自然。零度自然是自行变化的自然，是本体符号过程作用下的自然；一度自然是经由语言符号过滤的自然，是人类特有的语言符号作用下的自然，是我们对零度自然的认知，也是我们对自然的印象，无论是神话层面、社会认知层面抑或科学层面，是人类符号过程中范畴化的自然；二度自然是人类干预了的自然，被操控的自然；三度自然则是诠释之诠释，翻译之翻译，自然印象之印象，是纯粹理论和艺术层面的自然。倘若采用乌克斯库尔的功能圈理论来诠释多重自然的概念，一度自然是我们的感知世界；二度自然是行为世界；三度自然是内部世界。一度自然和二度自然的结合就是我们所说的环境界，零度自然则是纯粹意义上康德的物自身

（Ding an sich）的自然。（Kull，1998：358）多重自然观使我们认识到，零度自然是从自然到自然，功能是用来区别发生的，主要是生物学家的工作，语言学在此的作用空间不大；一度自然是来自自然的意象，是人们所观察到的和描写的，语言从此阶段开始发挥作用；二度自然是从意象到自然，一般存在于实验室中，此阶段自然的发展过程就是人类运用某种模型，尤其是语言符号模型作用于自然的过程；三度自然是从意象到意象，主要的功用是理论构拟，存在于论文中和模式中，语言在此发挥着关键的作用。现代社会，由于人类主体作用和符号过程，经由语言符号的过滤，往往出现了高度自然替代低度自然的情况，我们对语言的研究也在一定程度上决定了生态世界的走向。

8.4 三个世界配置了语言的功用

生态符号学呈现的是人和自然的符号关系，专注于人类和其所处生态系统之间的符号过程，包括不同地域的符号特征、自然之于人类的角色，如人类与自然以何种方式何种程度展开沟通与合作？自然对人类有何意义？人类又如何作用并服务于自然？采用莫里斯（Ch. Morris）的符号三个世界的分类法，从语构或符构角度来看，生态符号学研究自然呈现的结构和范畴归类，语言承担着交际功能，即对现实世界的各种现象及其排列进行描写的功能；从语义或符义视角来看，生态符号学描述自然相对于人类的意义或自然之中蕴含的内容，语言承担着表义功能，即对客观现象的价值意义及其生成进行分析和表述；从语用和符用层面来看，生态符号学致力于探寻自然与人类群体和个体之间的关系，以及人类在自然符号化过程中的参与，语言承担着交际功能，即对“天然合一”、人与自然“和谐相处”关系的介入性维系和运用。三个世界决定了语言的功用不同，语言学的研究应该关注生态符号学的层次配置。

8.5 生态均衡性反证了汉字的常态演化

生态符号学研究生态系统的结构与功能，以生态学为基础和出发点。一个理想的生态系统能够长时间稳定地维持它的组织机构和自治，在生存上能够维持对各种胁迫的恢复力，在环境上能够维持自身的复杂性和对人类需求的供给性。符号学之所以要和生态学交叉，不仅仅在于它对生态的兴趣，关键还在于它对生态均衡和谐方法的追求，对可持续性发展的向往。

语言是人类文明最基础的符号体系。长时间以来，“西方语音中心论”以拉丁字母为基础来解释语言符号系统，将汉字视为落后、原始的符号形态。但生态符号学研究表明，就纯粹的符号形式特征而言，汉字符号较字母文字更接近于西方符号学家对理想符号的构想。符号学家皮尔斯曾从广义的符号角度出发提出过一种“完美符号”观念。他认为完美的符号应是像似符（icon）、指示符（index）、规约符（symbol）三种形式“尽可能均匀的混合符号”（Peirce，1935：362）。世界现有的主要文字系统大都经历了原初理据的衰落和使用理据的兴起，区别于拉丁字母的音形断裂，汉字正是沿着皮尔斯的符号三分法，从类图像的像似符号演变成指示性的索引符号，再演变成规约性的象征符号，最终形成由“形、意、音”构成的稳定的三元结构结合体，整个演变过程是相对完整的连续统。这种三元结构符号具有很强的稳定性，朝代的更迭，时空的跨越，都无法改变以汉字符号为主导的华夏文明的强大向心力（胡易容，2018：160）。由此来看，“理据性的自然衰落与符号系统均衡发展”体现了生态符号学的基本内涵，而汉字的生态属性明显、符号意味浓厚、文化传承力强大、可持续性能理想，生态符号学对汉字的演化富有极其重要的说服力，汉字完全可以构成生态符号学的一个重要研究对象。

9 结语

生态符号学虽处于初建阶段，但其实用价值已引起学界的充分关注，发展空间也是可预见的。在建立和推动该学科发展的过程中，如何保障自然和文化的多样性，建立起和谐的生态符号关系，以实现真正的和谐符号世界是我们探索的目标。其间也存有许多可以进一步探察的空间，值得符号学研究者们做更为深入的研究。

参考文献

[1] Bang, J. C. & Trampe, W. *Aspects of an ecological theory of language* [J]. *Language sciences*, 2014 (41): 83 – 92.

[2] Kull, K. Semiotic ecology: *different natures in the semiosphere* [J]. *Sign Systems Studies*, 1998 (26): 344 – 371.

[3] Kull, K. Semiosphere and a dual ecology: *paradoxes of communication* [J]. *Sign Systems Studies*, 2005 (33): 175 – 189.

[4] Maran, T. Towards an integrated methodology of ecosemiotics: *the concept of nature-text* [J]. *Sign Systems Studies*, 2007 (1/2): 269 – 294.

[5] Maran, T. & Kull, K. Ecosemiotics: *Main principles and current developments* [M]. Geografiska Annaler: Series B, Human Geography, 2014 (1): 41 – 50.

[6] Peirce, C. S. *Collected Papers of Charles Sanders Peirce*: *Vol. M*, *Exact Logic* [M]. Harvard: Harvard University Press, 1935.

[7] Taylor, D. R. F. Modern cartography series [J]. *Journal of the American college of cardiology*, 2015 (6): 85 – 115.

[8] Иващенко, И. И. Влияние древнего культурного наследия на аутентичные свойства графического языка экомаркировки [J]. *Теорія мистецтва*, 2015 (4): 44 – 50.

[9] 代玮炜等：《从符号域到生命符号学：塔尔图对符号界域的推展》，《江西师范大学学报》（哲学社会科学版）2014 年第 4 期。

[10] 胡易容、赵毅衡：《符号学——传媒学词典》，南京：南京大学出版社，2012。
[11] 胡易容：《符号达尔文主义及其反思：基于汉字演化生态的符号学解析》，《兰州大学学报》（社会科学版），2018 年第 3 期。
[12] 胡壮麟：《自然与文化的对立统一——谈生态符号学研究的理论核心》，《外语研究》2014 年第 4 期。
[13] 黄国文：《生态语言学研究与和谐话语分析——黄国文教授访谈录》，《当代外语研究》2017 年第 4 期。
[14] 彭佳等：《与生命科学的交光互影：论尤里·洛特曼的符号学理论》，《俄罗斯文艺》2012 年第 3 期。
[15] 彭佳：《人的主体维度：符号学对生态中心主义的超越》，《鄱阳湖学刊》2017 年第 4 期。
[16] 王铭玉、王双燕：《〈符号学思想论〉之说论》，《当代修辞学》2019 年第 1 期。
[17] 王新朋等：《环境界与符号域探析》，《俄罗斯文艺》2017 年第 4 期。
[18] 姚婷婷：《新世纪塔尔图学派的研究动态》，《外国文学动态研究》2017 年第 6 期。
[19] 岳国法等：《可然性模仿：自然文学文本世界的生态符号学阐释》，《解放军外国语学院学报》2016 年第 5 期。
[20] 朱林等：《凉山彝族治疗仪式的生态符号学分析——以会理县“密”仪式为例》，《鄱阳湖学刊》2014 年第 6 期。

Exploration of Disciplinary Construction of Ecosemiotics

Wang Mingyu & Tong Ying
(Tianjin Foreign Studies University)

Abstract: Since the latter half of the 20th century, the strong development of ecology has extensively exerted an ecological influence upon various disciplines. So ecosemiotics came into being when scholars via semiotics were dedicated to a comprehensive study of arts, social and economic development and ecological sustainable development, when examining various questions from an ecological perspective. So far, related research has attracted enough attention though, there is a want of clear definitions of basic concepts, research objects and the distinction between ecosemiotics and other related disciplines, which resulted in an ambiguous disciplinary position of ecosemiotics. By literature review of previous academic achievements, the paper, based on the research of the related fundamental questions, answers some of the most important questions about the construction of the discipline: disciplinary definition of ecosemiotics, its positioning, academic objectives and interests, disciplinary foundations, applications and construction rules. In addition, there is an in-depth discussion of the relationship between ecosemiotics and linguistics, and how it inspires linguistic research, while shedding light on the necessity and possibility of establishing ecosemiotics.

Keywords: ecosemiotics; discipline construction; fundamental research; applied analysis

作者简介

王铭玉、佟颖，天津外国语大学。

学者访谈

消解、跨越、合治：寻求符号学的中国路径

——孟华教授访谈录

孟 华 李玉凤

孟华，男，1954 年生，中国海洋大学文学与新闻传播学院教授，兼任中国语言与符号学研究会常务理事，四川大学符号与传媒研究所特邀研究员，天津外国语大学语言符号应用传播研究中心兼职研究员，中国海洋大学国家文化产业研究中心特邀研究员，以及吴晓波频道《思想大食堂》签约讲师。孟华教授原创性地提出完整的汉字符号学理论体系，主要术语被权威工具书《大辞海》（上海辞书出版社，2003）收录。

李玉凤：请问您是如何与符号学结缘的？请谈一谈您的符号学研究轨迹。

孟 华：我曾经是一个文学青年，后来将自己写不出像样东西的原因，归结于个人的“词汇贫乏”。这个“误判”使我走向词汇学。我在工厂做工人时便开始搜集各种语汇，建立自己的词语库，并在《汉语学习》《辞书研究》等刊物上发表了几篇学术文章。那时学术界对词汇的理解，主要还是受斯大林的“建筑材料”和结构主义的“结构单位”等观点的支配，把词语看作静态的语言备用单位，研究者主要的工作就是确定各种边界：词与非词的分辨，词的内部意义结构划分，词汇与语法的区别，词的各种形式或功能参数的定量分析……

这种观点与我对词汇的实际感受相差太远，当时无法把这种感受总结出来，但用今天的学术语言分析，我当时心目中的词语还应该是一种人的精神活动及其产品。它是人类语言生活的全息胚，不仅有着自己的内部结构规定性，同时还关联了语法、修辞、书写，还关联了整个人的交流活动。总之，它具有跨界的、动态的、异质的、开放的、人文的等另一面属性：一个词语就是一个文化符号世界。

1987 年，在工厂工作了十几年后，33 岁的我以同等学力考入山东大学词汇学家葛本仪先生的研究生，思路很快就被她的“造词理论”激活了。当时词汇学界的主流是“构词说”，鲜有学者在研究构词的同时还考虑造词问题。构词与造词，一字之差，理路迥异。“构词”是后得于词，即人们从一个既有的词语成品出发，静态地分析它的结构规则及其类型，诸如偏正式、主谓式、联合式、补充式等等。而“造词”是先得于词，即重点思考一个词“从无到有”的问题（葛本仪语），先是“造词”的活动而后才有活动的产品——“词”。我的硕士毕业论文就是《命名简论》（1990 年），现在看应该是学术界

比较早的系统研究命名学的论文。我此后的学术研究始终关注的是语言的异质性、动态性和意指问题。

动态异质，即任何一个语言单位，譬如说词，它总是在动态的应用中与人、与社会、与语境、与语言结构自身、与其他异质符号（书写、图像、标记、实物等）的各种关联中定义自身的。这个学术立场使我将兴趣集中于词语、词义与修辞的接壤地带，尤其是动态的修辞现象如何被词汇化、习俗化的词汇又如何被修辞陌生化这双向张力关系。

意指问题，则是语言表达面和内容面的关系问题。比如意指关系中的同义选择：面对同一个表达对象我拥有哪些可能的选择手段？或者我用一个符号表达获得哪些可能的无限含义？这个问题不仅与命名有关，更是一个符号学问题。我开始认识到词汇学与符号学有着天然的联系。现代符号学的奠基人之一索绪尔，他的代表作《普通语言学教程》提出了符号学的一些基本范畴，诸如能指和所指、任意性和相对可论证性、语言和言语、组合和聚合、语言符号和非语言符号、语言和文字等。我们会发现，他的符号学或语言学的基本研究对象不是句子、不是图像或其他非语言符号，而是语言中的词汇。索绪尔的宏旨是基于词语符号去寻找一般符号学的普遍规则。

1993 年底我去黑龙江大学参加文化语言学会议，提交了《论汉字是一种动机性文字》的论文，我从对比的角度考察了字母文化的任意性原则和汉字文化的动机性、理据性原则。从文化对比和符号学两个角度研究汉字，成为我此后整个学术研究的一条主线。

大概 1997 年左右我开始给海大的学生开设符号学的通识课，1999 年授课讲义《符号表达原理》正式出版。该书为国内第一本符号学教材，基于西方结构主义符号学理论，结合中国文化、中国问题，从表达功能、结构功能、交流功能和信息功能四个方面讨论符号，书中也深入探讨了汉字的符号学问题。这个框架至今还影响着我对汉字符号学的研究。

2001 年黄亚平、孟华合著了《汉字符号学》，上编（黄亚平撰）研究史前和早期汉字的符号性质，下编（孟华撰）主要提出一个汉字符号学理论框架。其主要观点是“就汉字形体符号系统而言，它的形体因具有理据性而产生了二级性”（黄亚平、孟华，2001：232），“汉字与汉语不是记录与被记录的关系，而是相互指涉、相互影响的关系”（黄亚平、孟华，2001：204）。2001 年起我主编一套“符号学新视野丛书”，并撰写了其中一本《汉字：汉语和华夏文明的内在形式》（2004 年）。该书将汉字看作民族文化的内在形式和元语言，汉字既是文化存在的基本条件，同时又是这种文化不停地进行自我生产的机制。因此从符号学角度将文化理解为文字看待语言的方式，即言文关系是文化的基本生存方式（如汉文化重“文”，西方文化重“言”），并预测 21 世纪

"中国学术将面临一场汉字学转向"。

2008年出版了《文字论》一书，我由汉字的言文关系推进到语言、文字、图像三者关系的研究。口说的语言、视觉的图像和介于前二者之间的文字，强调汉字是在汉语、图像、文字三者的关系中定义自身的。因此，汉字符号学就有了两个重点研究领域：一是言文关系，二是言（文）象关系。

2014年出版的《汉字主导的文化符号谱系》除了继续坚持在言、文、象三者关系中研究每一个要素的立场以外，重点研究了"类文字""类符号"问题，就是汉字符号消解语言、文字、图像边界的性质。后来表述为"中性"符号，即消除异质符号之间非此即彼二元对立边界的符号（《"中性"——汉字中所隐含的符号学范式》，孟华，2017）和"超符号"即内部隐含、外部关联了异质符号的符号（访谈/孟华：《传媒文化转型下的汉字符号与符号学》，孟华，2017）。目前我的研究重点还是汉字的超符号性。

李玉凤：当今符号学已逐渐发展成为一门显性科学，其迅速发展不断彰显着符号学认识论和方法论的独特魅力。请问您如何看待符号学的发展现状？如何理解符号学的跨学科性质？

孟　华：由于缺少世界符号学视野，我只能对中国大陆符号学的发展现状谈一点自己的看法。

中国大陆符号学研究包括两块：一是用现代符号学理论来研究和整理中国传统文论中的符号学思想和传统文化符号，如周易哲学、名学、"春秋笔法"、"二重证据法"（史论）、"六艺"（诗论）、"书画同源"（画论）、汉字"六书"（说文学），以及各种传统文化符号如占卜、诗歌、绘画、象形字、汉语、器物、各种民俗等。二是指追踪国外（主要是欧美和俄罗斯）现代符号学理论，如索绪尔的结构符号学、皮尔斯的意指符号学、塔尔图的文化符号学、西比奥克的模型符号学等。前者可以叫作传统符号学研究，后者可叫作一般符号学研究。

目前国内符号学研究队伍日益壮大。其中代表性的有三个团队：一是四川大学符号学团队，一般符号学和传统符号学两手一起抓，活力十足；另一个是天津外国语大学的符号学团队，重点研究语言符号学，同时兼顾传统符号学；第三个团队是南京师范大学，主要研究国外的一般符号学理论。这三个团队的共同特点是有专门的研究和人才培养机构，有自己的专业刊物和一批有影响的论文和著作。这些团队（尤其是四川大学）培养的第一批国内符号学博士已经成为符号学研究的重要力量。

传统符号学这一块起步于现代符号学兴起之后，研究相对薄弱、零散。中国传统符号文化以经学和小学为主要载体，文学、史学、艺术以及各种文化符号不过是前者的衍生投射之物，皆辐辏于经学和小学。因此中国文化符号家族具有相同的精神气质、符号特性和文化语法。符号学最得心应手的领域，在于打通异质符号之间的壁垒而发现彼此通约的深层语法。如果异质符号之间只是自说自话，符号学完全可以退出这些领域。我个人的看法是，中国文化符号是一个有机的谱系，这个谱系中最基础的单位应该是汉字。传统符号学是以经学和小学为中心来架构的，其中经学以儒道典籍文化为本，小学以汉字为本，二者互为表里，但汉字是中国文化符号谱系的深层结构符号或基础单位。应该像语言学研究那样对中国符号谱系进行分层、分节的描述，找到他们的关联法则和共同的文化动机，并在与西方文化符号的差异对比中确立中国符号的“东方性”。

中国大陆的一般符号学研究这一块一般认为于20世纪80年代才真正开始起步，至今不过30多年历史，“我国研究者的目光主要集中在索绪尔、皮尔斯、莫里斯、巴特、巴赫金著名符号学家的思想理论上”（王铭玉，2004）。21世纪以来艾科的“折中符号学”（在索绪尔和皮尔斯之间）、塔尔图的文化符号学、西比奥克的模型符号学等也被热追。我只谈三个代表性人物。第一个是旅居国外的前中国社科院的李幼蒸，他20世纪在国内出版的《理论符号学导论》至今还是一座令人仰视的高峰，他主要还是结构主义符号学的立场，代表了中国大陆符号学研究的初始情结。第二个是天津外国语大学的王铭玉，其代表作有《语言符号学》《现代语言符号学》。有两个特点，其一，不是在对立意义上、而是在合治意义上兼顾索绪尔和皮尔斯以及各家的符号学理论，并且以索绪尔的符号理论为主导；其二是兼及语言符号和非语言符号的研究且以语言符号为主导。这两个特点使得王铭玉的研究带有结构和语言中心论色彩及学院派理论风格，也将这些学术烙印深深刻写在天津外国语大学的团队上。第三个代表人物是四川大学的赵毅衡，这是一个自带体系、极具原创性的符号学家。他同样表现出弥合索绪尔和皮尔斯符号学之间的断裂的倾向。王铭玉在这种弥合中偏向索绪尔一极，而赵著则向皮尔斯靠拢。如果说前者带有语言中心论色彩，赵毅衡则提出一种意义中心论符号观，既延续了“语言说我”的形式论传统，又带有“我说语言”的某种意向论倾向。这使得赵毅衡的符号学理论更关注以解释主体为本来处理言意关系，更关注非语言符号的研究，更强调意指实践和跨学科的符号学研究。进而在人文学科许多领域产生广泛影响，大大推进了中国符号学的发展，赵毅衡也成为四川大学符号学的一个识别符。

我们从上述代表性人物的研究中可以看出中国大陆的符号学研究现状和走向：由单纯追踪西方符号学转向中西符号学并重的研究；由不同符号学家之间的对立区别的研究转向相互对话的研究；由语言符号为主体的研究转向语言符号与非语言符号并重的研究。

关于符号学的跨学科性质，我认为首先基于人类生存现实的超符号化。所谓的超符号（trans-sign），指一个内部隐含、外部关联了其他异质符号的符号。如诗中有画或画中有诗，都是内部隐含的超符号；而围绕一个主题的多媒体、多语式的综合表达则是外部关联的超符号。年轻人须臾不可离开的网络表情包或者电脑上各种操作标识，就是一个介于图像和文字之间的超符号系统；日益兴旺的体验店、旅游经济、物联网，也是实物符号与语言、图像、文字符号综合编码的超符号运作。

西方现代的现象符号学、生命符号学正在走向超符号研究，即以人的生命活动（而非纯概念单位）为中心来研究人的符号能力，这就包括了姿势、语言、图像、书写、实物、踪迹等各种表意方式及其相互关联的方式。这种建立在生命活动基础上的综合符号化活动就是超符号生存。

超符号生存的最基本形态是语象融合。以中文系为例，中文的传统知识体系是建立在语言书写基础上的，是建立在与图像等视觉符号区别的基础上的。语言和文学构成两大支柱。但在超符号时代，中文系以书写语言为中心的“知识型”受到挑战。单一的书写和单一的图像逐渐被巴尔特（Roland Barthes）所谓的“复合符号”所取代。书写不再单纯为了阅读，它常常是为了观看——即我所谓的“成像文本”。如脚本、PPT 文案、策划案、弹幕、说明书、可视化写作、剧本。图像也不再单纯为了观看，常常为了表意和阅读——即我所谓的“成言图像”。像很多学校的平面设计专业现在改为“视觉传达”专业。这个改动很有意思，图像被用来传达，传达什么？传达意义、概念和语言。图像、商品、景观成了一个大写的象形字、一个意符。如各种流行商品、广告形象、景观、logo、插图、影视新闻、影视艺术，甚至许多现代主义、后现代主义的视觉艺术作品都在传达某种概念，成为“成言图像”（“成像文本”和“成言图像”两个术语引自我开设的网络慕课《意象的艺术：汉字符号学》）。

所以今天说“读图时代”并不准确，这容易产生“进入图像符号时代”的错觉。准确地说应该是“超符号”时代，语象并重、语言符号与非语言符号并重的时代。超符号生存的现实给符号学研究带来的挑战和冲击是巨大的：

其一，是由符号的“分治”研究转向“合治”研究。传统的符号学的分治研究是在语言、图像、实物等符号之间划一道非此即彼的边界，将他们区分和对立，并把各种非语言符号看作语言符号的附属品。所以“分治”研究既是极性对立的，又是等级制的。“合治”研究则关注异质符号之间平等互补、关联的性质。在研究对象上，由语言中心的符号学转向语言符号和非语言符号并重、合治的符号学。

其二，这种跨符号的合治观使得符号学关注各异质符号及其不同知识型

（学科）之间可以相互通约的文化语法或文化逻辑。比如汉字符号的“意象性”或“意符思维”（语图融汇的超符号编码性质），就广泛地存在于中国的传统哲学、史学、文字语言学、绘画、诗歌、建筑、器物设计、思维方式、人际交流、社会组织……各个领域。人们说符号学是人文学科的数学或元语言，指的就是其跨学科性质。

李玉凤：比起语言学的成熟发展，符号学仍属于小众领域，学科身份的不明与实质影响的深刻之间不一致，使符号学的发展呈现全面、多元、离散的特点。作为一种跨学科的方法论工具，请问符号学如何实现其引领性的学科作用？

孟　华：符号学的根本问题是找到自己的学术话语，它既区别于其他学科又具有跨学科的普适性。综合各家的论述，我个人赞同符号学应该是意指关系（signification）的学科。所谓符号，即意指关系建构之物，围绕诸如词与物、形象与现实、表达与内容、指称与对象、能指与所指、文化与自然、代码与信息……的关系所展开的符号学分析即意指关系研究。围绕意指关系还产生了结构系统关系（同质符号关系和异质符号关系）、语用关系（符号与使用者的关系）的研究等。但符号学的中心目标是意指关系，这是它与以结构关系为核心的语言学的主要区别。

这说明符号学是一种表意模型，它超越了对特定对象的意指性描述，而是对某种普遍的意指规则或表意模型的研究。这是符号学自我身份确认和跨学科性质的学理依据。比如索绪尔和皮尔斯的符号理论模型都是三元的，都涉及表达面、内容面和意指方式（如索绪尔的任意性和可论证性，皮尔斯的像似、指索、规约）三元要素。但他们的理论模型不同：索绪尔的三元论是前置的，符号结构先于符号过程，能指大于所指，形式大于实体，以语言符号为中心；皮尔斯的三元论是后置的，符号过程、对象先于符号结构，实体大于形式，去语言中心。在索绪尔和皮尔斯两种模型之间，还存在一个巨大的理论操作空间，如艾柯对二者的折中，国内赵毅衡对索、皮的贯通等。我觉得中国传统符号学有可能为世界符号学贡献自己的理论模型，其中之一就是汉字符号所具有的一手抓着语言，一手抓着图像的“超符号”性质。汉字符号中隐含着某种中性化的符号学模型：向心关系（汉字指向语言的关系）和离心关系（汉字背离汉语，走向图像或非语言符号的关系）之间的中性运作、相互过渡。我认为，向心和离心是当代符号学的两大理论模型，索绪尔的模型是向心的（以语言为中心）；皮尔斯的模型是离心的（去语言符号中心）。

因此，只有将符号的意指研究上升到理论模型的高度，才能形成符号学自己的学术话语，以实现它跨学科的方法论价值。

现在的问题是，人们缺少用符号学理论模型的眼光去分析具体领域，只是就事论事地描述某个意指性现象，并将意指性描述等同于符号学研究。譬如，人类学的物质文化研究就是一种物的意指性描述：把物当作符号，当作某种考古学或人类学事实的相关物证、传记或者象征。如玉器与权力、服饰与民俗、饮食与口味偏好、四合院与血缘关系……，等等，对这些物质文化现象的意指性描述和分析，其实关注的是物背后的社会事实，所探讨的仅仅是新的物证带来的新的事实的可能性。

意指性描述只关注符号的意指对象，而符号学模型研究则主要关注符号性即意指关系规则本身。这种关系的研究建立在一系列专门的符号学理论模型基础之上。同样是将物当作符号来研究，理论模型会把物质文化符号放到一个更大的符号空间中，考察它的意指过程、意指关系的种种规则是如何影响和生产符号的意义和意指对象的。譬如，意指性描述关注地瓜种植与山区水土流失的关系，而“向心”性符号模型则关注地瓜这个词语的分类如何影响了地瓜这个物种的利用及其产生的后果。清代的青岛即墨志书将地瓜列为“蔬菜”，而到民国的胶奥志中地瓜被归于“粮食”类，而当地水土流失的加剧恰恰发生在地瓜被定义为“粮食”之后。由此可见，意指性描述以对象物为中心，符号被置于一个从属或工具的位置而可忽略不计；“向心”符号学模型则把物本身看作一个词与物关系建构之物，如地瓜本身就包含了“蔬菜”和“粮食”两种话语。正是这些话语影响了对地瓜的利用方式及其带来的环境后果，进而把关于意指关系的符号学范畴带到了物的研究中来，体现了符号学自己独特的话语方式或理论范式。意指性描述则不需要这种理论准备和前提，它只需要关于物自身的相关知识。我认为站在理论模型的高度分析各种意指现象，才是真正的符号学研究。目前国内符号学研究的突出问题是以意指性描述来代替符号模型的研究。符号学要实现跨学科的引领，对符号学自身话语体系的理论模型研究及其普及，就显得尤为重要。

李玉凤：符号学之所以未能进入主流学术界，术语的混乱也是一个重要的原因。术语使用的不一致及翻译术语的不一致，使符号学呈现一种扑朔迷离的状态。请问如何思考并解决符号学自身存在的这种矛盾问题？

孟　华：我的看法，原因之一是各种符号学模型之间的通约性不够。比如一个符号学研究者如何同时能驾驭索绪尔和皮尔斯两个术语体系而又自如地区分他们；如何在使用现代符号学范式思考中国传统符号学资源（中国哲学、文论、画论、六书）的同时又准确地传达他们的本土精神。通约性要求我们在使用某个范式的术语时，既能澄清它与别的范式相关术语的边界，又能说明他们之间的关联和相互补充。对于加强不同符号学模型之间的通约性，我能力有限，仅提供几个方面的参考建议：

一是加强符号学通论研究，对各符号学流派之间的区分和关联进行梳理。国内李幼蒸的《理论符号学导论》、王铭玉《语言符号学》是这方面的代表作。二是在对各符号学理论资源进行通约性驾驭的基础上建立自己的话语，如赵毅衡的《符号学原理与推演》。三是用现代符号学理论话语整理和发掘中国传统符号学资源。当然传统符号学也不是被动的，诸如汉字向心和离心中性化的“意符思维”，就是对西方二元对立的符号学框架的一种挑战。四是在符号学一般写作中，对关键词的梳理、考订、辨析和清晰定义应成为每个符号学研究者自觉诉求。譬如当我们使用“符号”这一符号学术语时，应该首先对什么是符号以及关于符号的种种名称或定义有所了解，不要在使用一个关键词的时候却不能在理论上反观它。

李玉凤：从理论上来看，索绪尔与皮尔斯两大西方理论传统交相影响，请问您认为如何实现中国符号学与国际符号学的接轨？如何实现并拓展符号学发展的中国路径？

孟　华：首先，符号学研究有两大主题：一是符号与世界、形象与真相、词与物、能指与所指、表达与内容等的关系，即纵向的意指关系；二是符号与符号、符素与符素之间的关系，包括同质的（如语言内部诸结构单位之间）和异质的（如语图混合的符号结构），这是横向的结构系统关系。相对而言，在西方两大符号学理论传统中，索绪尔一脉的结构主义符号学以语言符号为中心，更关注结构关系，更具有“向心”的特点；皮尔斯的传统更多思考与系统无关的各种实体符号的意指规则，具有“离心”的色彩。国际符号学的主流是索/皮的“分治”研究，即在索/皮二元对立中选边站队。中国当代的符号学研究也是围绕这两大主题和两大符号学传统展开的。但进入 21 世纪后逐渐采取一种“合治”或“中性”的立场，消解索绪尔和皮尔斯之间的截然对立，建立二者之间的通约和对话关系。王铭玉和赵毅衡的研究都呈现这种“中性”“合治”的倾向。我在前面谈到，汉字具有向心（走向语言）和离心（背离语言）双重编码融汇的中性特征，这与西方的极性对立的字母符号文化明显不同。以汉字为代表的中国文化符号，可能会发展出一种植根于“中庸之道”文化土壤中的中性符号学模型。当然，这并不意味着照搬或简单地肯定“中庸”思维，而是在接纳、吸收西方非此即彼的极性符号传统基础上对“中庸”的复归，一种经过反思和批判之后的复归。

其次，国际符号学总的趋势是反本质主义、反逻各斯中心主义。包括符号学在内的中国学术界似乎存在一种立场：用西方后现代思潮来证明中国传统文化的合理性。譬如中国文化符号普遍缺少对再现、对在场、对指涉的单义性或透明性的追求，而更喜欢对意义的修辞化处理。这与尼采所谓的真理不过是一个修辞格颇为神似。但是，我认为西方后现代的反本质主义，是建立在对自身的理性传统批判超越基础上的；中国传统的意义修辞中心主义或汉字“意符思维”，并未经历过自我反思和批判而被直接拿来对抗理性主义。这是一个巨大的理论误区。中国符号学面临的根本问题是理性主义的补课，需要的是经过理性主义洗礼之后的反本质、反逻各斯。因此，我们一方面要发掘中国传统符号学中的“中性”精神如汉字的“意符思维”；一方面要加强符号的理性、再现、在场的研究。后者尤为重要。因为，在当下中国，最大的文化问题是真相和真话的缺席，以及由此而产生的普遍的符号腐败。中国符号学必须关注中国问题。

李玉凤：中国古代传统符号学思想体系的基础是什么？如何发掘、保护并延展中国传统的符号学资源？

孟　华：中国极为丰富的传统符号学思想资源主要蕴藏在两个领域：一是传统文论中。如哲学中的“立象尽意”“以言明象”的言象互动思想，如史学中的“春秋笔法”“微言大义”，如传统诗学中的“赋、比、兴”，如画论中的“书画同源”“援书入画”……，等等。二是传统小学，尤其是传统《说文学》与“六书”（象形、指事、会意、形声、假借、转注）理论。

这两个传统有着共同的思想基础，我总结为：意指关系的“在借助形象解决概念问题和借助概念解决视觉经验问题之间进行修辞选择”和符号关系的“在向心和离心之间进行修辞选择”。

“在借助形象解决概念问题和借助概念解决视觉经验问题之间进行修辞选择”，是就符号与对象、表达面与内容面的意指关系而言的，如易经符号中的卦爻象（表达面）和卦爻辞（内容面）之间就构成一种意指关系。易学中的“取象说”以卦爻象的直接意指（可视物）为主导判断凶吉，强调“借助形象解决概念问题”；而“取义说”则以其语言义和卦爻辞为主导进行决疑，侧重“借助概念解决视觉经验问题”。无论是取象还是取义，都体现了“在抽象概念思维和视象经验思维的整体关联中修辞性地把握其中一端”的符号学思想。这一意指关系思想表现在汉字中则是“据意构形”和“据形构意”之间的修辞性选择。如汉字“王”，许慎援引董仲舒的儒家观念解释为“三画而连其中谓之王。三者，天地人也，而参通之者，王也”。这显然是“据意构形”，根据儒家观念解释汉字的视觉形体形象，即“借助概念解决视觉经验问题”。而今人根据甲骨象形字“王”的斧头形象，判断其本义应为斧头或斧头代表的权力。这种“望文生义”就是“据形构意”或“在借助形象解决概念问题”。

“在向心和离心之间进行修辞性选择”，则是关注异质符号间（这里主要是语言符号与视觉符号）的互动关系方式。“向心”是符号向语言靠拢的趋势；“离心”是符号背离语言或向视觉符号靠拢的趋势。还是以易经符号的卦爻象和卦爻辞为例，前者是离心的方式，后者是向心的方式。究竟是离心主导还是向心主导，这取决于易经符号的操作者、阐释者结合具体语境的“顺势而为”。再如汉字形声结构中也包含着在离心性以言定象（以声符注释形符）

和向心性以象定言（以形符注释声符）的双重修辞性选择。

由此可见，“在借助形象解决概念问题和借助概念解决视觉经验问题之间进行修辞性选择”和“在向心和离心之间进行修辞性选择”是中国文论传统和小学传统共同的符号学思想基础。

但是，文论符号学传统主要关注“文以载道”，载道是目的；而小学符号学传统中的汉字六书理论则更关注载道的“文”本身。用符号学来解释，文论研究符号的意指对象或意指内容，小学、六书理论则研究符号意指关系、意指过程本身——这才是符号学真正的领域。东汉的许慎在《说文解字·序》中说文字是“经艺之本”，“本立而道生”。这个“本”就是汉字所隐含的符号化方式，就是意指关系本身。正是这个“本”、这个意指关系方式，成了“前人所以垂后，后人所以识古”的认知前提或前理解。所以，传统汉字学中的符号学思想应该是中国传统符号学思想的深层结构和元语言。传统的汉字符号学和文论符号学之间不是同一个层次的关系，而是“本”与“道”的关系。

此外，在世界范围内人文学科的“语言学转向”中，“文字学转向”也是重要的世界性学术思潮，尤其是汉字独特的符号思维方式和哲学世界观，作为反思、批判西方“逻各斯中心主义”的重要思想资源而引起西方学术界的关注，汉字中的符号学思想面临走向世界学术舞台的历史契机。遗憾的是，据我了解，国内目前还没有专门的中国传统符号学研究机构，希望有关部门意识到进驻这一领域的紧迫性。

李玉凤：您认为未来中国符号学的发展趋向是什么？

孟　华：很难预测而只能臆测中国符号学的未来，我觉得应该有以下几个发展方向：

其一，找到自己的表意模型。

我在前面已经简单地总结了中国传统符号学思维的两个特点：意指关系的修辞性双向选择和符号关系的修辞性双向选择。这就是对中国符号学表意模型的一种探索。当然，不同的研究者会提出不同的表意模型，这些不同探索的共同目标，就是为了找到中国符号学自己的表意模型。

我所构想的中国符号学是一种“超符号”表意模型，即任何符号都内部蕴含、外部关联了其他异质符号。这种超符号异质关联主要体现于语象关系，表现为在形象与观念之间、向心与离心之间不留痕迹地过渡、顺势而为地选择。进而区别于西方字母和图像之间极性对立的表意模型，索绪尔、皮尔斯的符号学都是对这种极性表意模型的理论总结。

这种“超符号”的表意模型是一种“中性”的或“合治”的符号思维：一种关注二元对立之间消解和跨越的理论姿态。我想“超符号”“中性”“合治”是中国符号学与国际符号学对话的关节点（我用“对话”代替“接轨”，后者这个词容易理解为“靠拢”）。我们应该发掘中国符号学的这些思想资源，并形成自己的东方符号学表意模型。

其二，中国当代符号学研究的中性化趋势。

中国现代符号学在经历了初创时期“极性”（二元对立）发展之后，进入“中性”“合治”的理论阶段。即在语言符号与非语言符号、形式与实体、系统与过程、索绪尔与皮尔斯等等这些二元对立项中采取一个中间立场，更关注他们之间“对立性解除”而产生的种种新理论、新视野、新领域。尤其在处理索/皮两个传统的关系上，王铭玉和赵毅衡都表现出鲜明的“中性”“合治”的色彩，这代表了中国现代符号学研究的基本走向。当然，传统的和现代的“中性观”、不同学者的“中性观”究竟区别在那里，这可能是一个重大的学术课题。

其三，重新认识索绪尔仍是中国符号学的重要课题。

符号学的中性化趋势最根本的问题是消除实体与形式、系统与过程、语言符号与非语言符号等等关系的对立，尤其是对符号物质性（实体性）的关注，例如，赵毅衡和王铭玉关于符号的定义中都认识到符号的物质性问题。

但是我们看到，尽管索绪尔偏向形式结构论立场，但他以及后来的叶尔姆斯列夫却将上述二元关系看作其总体语言或总体符号框架下展开的对立项。因此，在某种意义上讲索绪尔是“中性”符号观的鼻祖——他的语言和言语二分之外还有个中间项，即群体语言，后者包括了前两项。当索绪尔总是在“十字路口”徘徊、纠结、选择（如语言和言语、内部语言学和外部语言学、共时和历时、形式与实体）的时候，他就是在处理中性问题。

我们认为皮尔斯不能兼容索绪尔，但索绪尔的传统却为兼容皮尔斯留下接口。重返索绪尔，重返作为中性化了的索绪尔，一个与皮尔斯建立对话间性关系的索绪尔，或者说处理好“极性”和“中性”的张力关系是中国现代符号学进一步发展所面临的重要课题。

其四，中西符号学理论由各自独白走向相互对话。

长期以来中国符号学处于各种理论的“分治”或“独白”状态：诸如索绪尔和皮尔斯互不通约，西方符号学话语与中国传统符号学话语自说自话、互不对话，等等。

中国符号学的未来方向就是：西方符号学与中国传统符号学的结合、沟通、对话，但是，对话的前提是找到中国符号学自己的表意模型，否则只能与世界符号学“接轨”而非“对话”。

其五，由纯理论研究转向意指理论与意指实践的结合。

相对而言，以李幼蒸和王铭玉为代表的语言论符号学派更关注符号学理论体系的建构和意指理论的探索；赵毅衡的意义论符号学，则代表了意指理论和意指实践相结合的趋向。

严格讲符号学意指实践不等于符号学应用。符号学的意指实践研究包括文化建设和文化批判两大主题。文化建设主题，如传播、广告、游戏、品牌、时装等的符号学研究。文化批判主题，如巴赫金的对话主义、法国巴特的神话学、克里斯蒂娃的女性主义、福柯的权力话语等意识形态批判的符号学理论。

在中国语境中，文化建设主题更为主流，文化批判、反思一维的相对薄弱，也在一定程度上影响了中国符号学的理论原创性和应用的实效性。譬如中国符号生活中最大的问题是真相和真理的过度修辞化，在学术界则是修辞中心主义符号学成为主流话语，人们更关注的是自我形象的外宣和辩护、而不是自我反观以及对异己他者的包容；对真相、真理的玩弄甚于对他们的追求……致使信息雾霾、话语权争夺、符号暴力和符号腐败充斥着网络和我们的精神文化世界。因此，追求在场、再现、透明、逻各斯、对话的理性符号学，反而是确立中国符号学文化批判主题的首要目标。

李玉凤：请谈一谈您对中国年轻学者的学术期待。

孟　华：我仅从个人的经验教训出发谈几点意见：

其一，双重眼光。中国符号学不是独善其身的国学，它是现代符号学、世界符号学的一个分支。因此，研究者最好要有世界和本土双重眼光、双重知识背景。

其二，要研究中国问题。即使是专攻各国的纯符号学理论，也要结合中国当下社会的重大问题和历史走向来凝练自己的学术洞见。

其三，有自己的意指实践专长。譬如除了相关符号学理论的修养之外，对具体的语言符号或文字符号或图像符号或实物符号或仪式符号……某一具体符号领域有丰富的专业知识。

其四，关注语言学文字学。语言学是符号学的全息胚，了解一定语言学知识对于各类符号学研究者都是必要的。文字学在中国文化背景中和语言学同等重要，重点关注汉字的意符性——一手抓意象和图像一手抓语言或声音，一手抓视觉身体经验一手抓抽象概念，并在二者之间进行整体性、修辞性转换的符号思维。

李玉凤：感谢您接受我们的专访！祝您学术之树常青！

作者简介

孟华，中国海洋大学；李玉凤，天津外国语大学。

学术综述

法国符号学学会(AFS)2019年里昂国际学术会议综述

王天骄　李梦一（按姓氏笔画排序）

1 里昂会议总体情况

2019年6月11日至14日，法国符号学学会（AFS）新一届国际学术会议暨“共识与分歧”国际学术研讨会在法国里昂高等师范学院举行。国际视觉符号学学会（AISV）主席、法国符号学学会名誉主席、利摩日大学教授雅克·丰塔尼耶（Jacques Fontanille），法国符号学学会前任主席、巴黎第八大学教授德尼·贝特朗（Denis Bertrand），国际符号学学会副会长、法国符号学学会前任副主席、巴黎市符号学学会主席、巴黎索邦大学教授安娜·埃诺（Anne Hénault），法国符号学学会现任主席、里昂第二大学教授皮耶路易吉·巴索·弗萨利（Pierluigi Basso Fossali），法国符号学学会现任副主席、波尔多第三大学教授安娜·贝娅艾尔-热丝兰（Anne Beyaert-Geslin）以及来自法国、比利时、卢森堡、意大利、西班牙、俄罗斯、美国、巴西、智利和伊朗的多名符号学家、符号学专业博士后、多国在读符号学博士生代表（包括我们两位中国博士生）及符号学业余爱好者等150人参加了大会。应该说，与会者大多来自拉丁语族国家（法、比、卢、意、西和南美），相比之下，其他国家如俄罗斯、美国和伊朗，参会人员数量不多。因此，本次符号学盛会可以说具有鲜明的“拉丁文化色彩”。

法国符号学学会现任主席皮耶路易吉·巴索·弗萨利（下文简称巴索）教授主持大会并致开幕词。他指出，法国符号学学会2019年里昂国际学术会议的主题是“共识与分歧”（*Accords et désaccords*），涵盖的研究领域十分丰富：语法的配合、音符的和弦、图像变换、文本互动、主体间性、人工智能、符号翻译及思维形态等。这些领域并不是孤立存在的，而是相辅相成，统一于“共识”与“分歧”的大会主题。巴索教授表示，此次会议的召开旨在从符号学的角度寻求一种“有益的差异”。诚然，随着全球化的不断深入，人类相互依存的程度也不断提高，然而文化的差异甚至冲突也无处不在，面对这样一种情况，如何使差异转变为一种优势，从而给人类带来益处而不是伤害？这样的课题同样摆在当代符号学研究者的面前。巴索教授认为，尝试采用符号学的观点和方法，将散落在世界各地、形态各异的价值观有效组合，使不同的意义表达方式相互融合，或许可以带来意想不到的共识和默契，从而达到跨文化交流的目的。总而言之，“寻求有益的差异”，就是要求同存异，在表层的差异中寻求深层的关联，进一步巩固和深化交流双方的共存与互动。

巴索教授随后向大家介绍了法国符号学学会的官方网站。网站设立的主要目的是推动国际符号学团体的学术交流，倡导符号学学科的跨区域一体化行动，这充分反映出法国符号学学会开放的国际视野。网站不仅为社会大众提供符号学学术活动的一手资料和信息，还将成为符号学思想汇聚和交流的重要平台。难能可贵的是，巴索教授代表法国符号学学会诚邀国际符号学界的同仁共享学术成果和资料，任何对符号学感兴趣的团体或个人均可以在网站查阅相关的学术会议及著作出版信息、培训计划和科研活动等。最后，巴索教授还特别强调，法国符号学学会所使用的 sémiotique 一词不同于先前使用的另一个词 sémiologie。事实上，我国法国符号学研究学者张智庭（怀宇）教授很早就对这两个名词进行了区分。在汉语语境下，sémiologie 和 sémiotique 都可以翻译为“符号学”。然而，sémiologie 指的是“结构论符号学”，它对形形色色的符号进行分门别类，因而可以被看作一门符号的类型学；而 sémiotique 特指“叙事符号学”，它主要考察承载意义的内在结构，是对于包括符号、符号性质、符号系统和符号之间关系的一种总体研究。（怀宇，2019）应该说，sémiotique 一词更接近汉语中对于符号学这一学科的理解，同时也代表了法国符号学研究的未来。（怀宇，2019）

开幕式结束之后，大会举行了为期四天的学术研讨活动，六十余名教授、学者围绕大会提出的十项专题分别发言并进行了热烈讨论。这些专题为：（1）意识形态与政治张力；（2）话语和语言中的协调与分歧；（3）感官协调；（4）艺术中的协调与分歧；（5）文学中的冲突；（6）符号学操作的历史性协调与分歧；（7）冲突性意见中的文本吸纳过程；（8）中介性共识与分歧；（9）作为特定归属特征要素的共识与分歧；（10）协作与论争：认识论问题。

中国语言与符号学研究会会长王铭玉教授曾经指出，巴黎学派的符号学研究有三大主要特点：一是鲜明的语言方向；二是极强的文学性倾向；三是跨学科和应用符号学研究趋向。（王铭玉，2018）不难看出，此次会议设立的这十项议题完全体现了这三大特点。可以尝试从两大方面来认识和理解这些议题：一是从历时的角度，对巴黎学派的符号学基础理论进行总结和深化；二是从共时的角度，进一步推进符号学与其他学科的跨学科理论研究。在上面十项专题中，符号学与政治、艺术、文学、身份认同及哲学等学科有效融合，凸显其在社会人文学科领域中的方法论地位。同时，应该指出的是，尽管大会规定了这些专题，但在实际的探讨与交流中，并没有局限于这些议题。并且，不少专家的发言横跨多项议题，使得讨论更加深入，带给大家更多的思考空间。

研讨会结束后，大会举行了总结活动，巴索教授主持了会议。雅克·丰塔尼耶教授和安娜·贝娅艾尔–热丝兰教授也分别发言。他们回顾了本次里昂会议的丰硕成果，对法国符号学学会今后的各项工作提出了新的要求和希望，对本次会议的承办方和志愿者表示诚挚的感谢。最后，在全体与会人员热烈的掌声中，巴索教授宣布法国符号学学会2019 年里昂会议圆满闭幕。

2 研讨会择要介绍

这一部分针对研讨会上专家们的发言做一简要介绍。限于字数和篇幅，无法对全部的研讨内容进行展示，只能选取其中最具代表性的发言进行分析，以供大家参考。

2.1 诗学的共识与分歧

第一位发言的是法国土伦大学巴别塔实验室—“语义，陈述，翻译”研究团队负责人米歇尔·蒙特（Michèle Monte）教授。她主要从事话语分析和语义分析研究工作，此次她的演讲主题是“诗学的共识与分歧”。首先从观点的显著分歧讲起，对于诗歌而言，一方面指的是发送者和接收者之间在一般情况和特殊情况下有着不同的分歧和干扰；另一方面是从语言的敏感维度（包括韵律，音色）和语义学领域对“分歧”进行研究，也就是要把记忆储备中的经验激活，打破世界的确定性表征。同时，诗歌本身也具有既定事实的表达，这种明确的表达就讨论的主题而言也属于一种“共识”，读者在阅读时对诗歌的共鸣也属于一种可以用来分享的“共识”，由此引发的一个思考：其实读者的参与度要比我们想象的更加积极。读者在阅读时被邀请进入作者的经历中，由于对语言敏感维度的感知不同而有不同的认识。蒙特教授于此又提出不同程度的论证，首先是与读者息息相关的隐含的论据，即一种预设的和读者之间的默契；其次是更明显的论据，即冲突观点的表达和决定立场的文本间的对话关系（dialogisme），这就是“既定的”共识与分歧和“明显的”共识与分歧。随后，蒙特教授以菲利普·雅各泰（Philippe Jaccottet）和亨利·米肖（Henri Michaux）的诗歌为例，选取诗歌话语中的三个观点，指出其中标记明显的用词，解释了他们分别对应的含义。指出正是在这个过程中，读者变成了对话者，把情感描述和批判性验证的特性组合起来，两种对立的观点就会形成一种对话性的复调。蒙特教授指出诗歌可以通过其文体形式来提出论据，例如罗兰·加斯帕尔（Lorand Gaspar）在诗歌《巴旦杏树》（*Amandiers*）中的感叹句表达，就是一种和读者建立联系的过程。论据不仅仅在于内容的形式（如主题，所指对象），还包括表达的形式（如词汇，句法，韵律）。这正是共识与分歧的双重领域。由此教授提出两个问题：从伦理学角度而言，哪些价值观是我们应该向大众介绍的？从美学角度而言，怎样把这种价值观恰如其分地表达出来？对读者而言，有三大理解上的困难，即三种“分歧”：第一，观点的变化性；第二，被读者忽略的隐含的跨界话语（interdiscours）的分量；第三，拒绝被说服和不愿意解决问题。蒙特教授在最后总结，其实最大的风险是读者的不参与而不是有“分歧”，最好的“共识”便是读者参与到诗学研究的讨论中来。

2.2 格雷马斯符号学研究的历史发展脉络

美国普渡大学的法语教授托马斯·布罗登（Thomas. F. Broden）以《格雷马斯符号

学研究的历史发展脉络》为题做了发言，对20世纪60年代以来格雷马斯符号学的研究历程进行了全面梳理。1978—1979年间布罗登教授在法兰西公学院（Collège de France）聆听过罗兰·巴特（Roland Barthes）的讲座，1981—1982年在巴黎社会科学高等研究院（EHESS）从事科研工作，加入格雷马斯（A. J. Greimas）的研究团队，1986年获得美国印第安纳大学颁发的法国文学博士学位。他的研究兴趣广泛：叙事符号学、法国现代语言发展史、法国现代文学和法语文化等。

布罗登教授在发言中认为，格雷马斯符号学研究经历了四大历史时期。1963—1968年是第一个时期，也就是法国符号学从结构语义学向叙事符号学过渡的初始阶段。与格格雷马斯同时进行这种转向并相互借鉴的代表性学者还有让-克洛德·科凯（Jean-Claude Coquet）、热拉尔·热奈特（Gérard Genette）、茱莉亚·克里斯蒂娃（Julia Kristeva）、克里斯蒂安·梅茨（Christian Metz）、弗朗索瓦·拉斯捷（François Rastier）和茨维坦·托多罗夫（Tzvetan Todorov）等。这一时期出版的学术专著都产生了很大的影响，包括热奈特的《修辞格》（*Figures*），托多罗夫的《文学和意指》（*Littérature et signification*）和《〈十日谈〉的语法》（*Grammaire de Décaméron*），克里斯蒂娃的《符号学：符义分析研究》（*Séméiotikè, recherches pour une sémanalyse*）。格雷马斯出版了《结构语义学》（*Sémantique structurale*），该作品成了当时最具科学性和“巴黎符号学学派”的奠基性理论依据。还应该指出的是，1966—1967年，法兰西公学院和巴黎社会科学高等研究院联合举办了符号学的“研讨班”（séminaire），分为两大板块：一是普通言语的形式结构；二是符号学在人类学中的地位和价值。

1968—1983年是第二个时期，是叙述符号学创立的时期。布罗登教授在这里所说的“叙述符号学（sémiotique）的创立”，是指法国经过1968年“红五月运动”① 的洗礼之后，知识界对结构主义思潮和结构论符号学进行了更为冷静的思考和更全面的认识。符号学研究原本是以语言学模式为参考对象，此时开始慢慢突破语言学的狭窄框架，并迅速摆脱“红五月”带来的负面影响。更重要的是，巴黎符号学学派在这一历史进程中逐渐发展并壮大起来。1970年，该学派正式采用sémiotique一词来指代其研究工作，表明叙述符号学研究已经成为巴黎学派所关注的核心领域。值得一提的是，张智庭教授在《法国符号学研究论集》一书中，也持有类似的观点。（怀宇，2019）

布罗登教授还向大家介绍了1983年在法国芒什省（Manche）瑟里西拉萨勒国际文化中心（CCIC）举办的国际符号学研讨会。会议由让-克洛德·科凯和米歇尔·阿里韦（Michel Arrivé）主持，紧紧围绕格雷马斯的一系列作品展开。格雷马斯也应邀出席。这次研讨会的丰硕成果最后以《符号学问题：基于或围绕格雷马斯的作品展开》

① “红五月”是指1968年5月—6月在法国爆发的一场学生罢课、工人罢工的群众运动，起因是整个欧洲经济增长速度缓慢而导致一系列社会问题。这场运动受到马克思、列宁思想的影响，因而被称作“红色”的五月运动。

（*Sémiotique en jeu*：*A partir et autour de l'oeuvre d'A. J. Greimas*）为题结集成册，并于 1987 年由巴黎阿代斯–本杰明出版社（Paris：Hadès-Benjamins）出版。

1984—2000 年是第三阶段，可以说是叙述符号学研究百花齐放的时期。研究的多样化首先应该归功于符号学研究机构的建设。巴黎社会科学高等研究院继续开办符号学方面的研讨会，同时，意大利、巴西和墨西哥的符号学科研机构也纷纷成立；其次，不少符号学的专业期刊得以创立和发行，如《符号学新文件》（*Nouveaux actes sémiotiques*，1989—2006）、《符号学》（*Sémiotique*，1991—1999）和《对照（荷兰奈梅亨大学）》（*Versus*，*Université de Nimègue*，1984—1985）等；再次，编纂了符号学专业词典《符号学：言语活动理论的系统思考词典》第二卷（*Sémiotique*：*dictionnaire raisonné de la théorie du langage*，*II*，1986）；最后，组织和编写了多部符号学专业丛书和学术论文集："符号学形式"（*Formes sémiotiques*，1985—）、《符号化》（*Semiosis*）、《符号学文件》（*Actes sémiotiques*）和《符号学十字路口》（*Semiotic Crossroads*，1988—1995）等。

2000 年至今是最后一个时期，布罗登教授称之为"罗曼语世界符号学时期"（La Sémiotique romane）。罗曼语世界指的是拉丁语族国家和地区，这些地方深受法国符号学研究的影响。首先，不少新的符号学研究中心在这些地区设立，数量可观的"研讨会"和论坛也得以开办。其次，这些国家和地区又新增了不少符号学的专业期刊，如《符号学文件》（*Actes sémiotiques*）、《意指》（*Signata*）、《文本研究》（*Texto!*）、《符号学专题》（*Tópicos del Seminario*）、《符号学研究》（*Estudos semióticos*）和《符号学》（*Semiotika*）等；第三，专业词典《叙事符号学和结构论符号学研究词汇》（*Vocabulaire des études sémiotiques et sémiologiques*，Ablali et Ducard，2009）问世；第四，符号学丛书如"符号学形式"（*Formes sémiotiques*）和《意指》（*Signata*）等。

布罗登教授的发言引起了与会专家和学者的热烈讨论，丰塔尼耶教授随后做了点评。他首先赞赏布罗登教授所做的研究工作，指出，格雷马斯为世界留下了极为宝贵的精神财富和思想遗产，对其作品和理论的回顾和总结是当今符号学研究的重要工作之一。丰塔尼耶教授创造性地提出，布罗登教授是以历史发展为标准，对格雷马斯符号学研究做了纵向梳理。然而除此之外，也可以按照地域来进行这项总结工作，比如法国的格雷马斯研究、欧洲的格雷马斯研究和拉美的格雷马斯研究等；从主题的角度对格雷马斯思想进行梳理也是不错的选择，比如格雷马斯符号学和文学、格雷马斯符号学和社会学、格雷马斯符号学和对话理论等。

2.3 酿酒工艺的话语分析

利摩日大学符号学研究中心专职研究员、语言科学系博士生导师尼古拉斯·古维涅阿斯（Nicolas Gouégnas）演讲的题目是"酿酒工艺的话语分析"。他的研究领域主要为普通符号学和交际理论、文本语义学及人类符号学等，他最近出版的学术作品是与雅克·丰塔尼耶教授合著的《意义地带：人类符号学漫笔》（*Terres de sens. Essai d'anthroposémiotique*, Jacques Fontanille et Nicolas Couégnas, 2018）。

在发言中，古维涅阿斯先生考虑的核心理论问题是：如何从话语分析的角度对人类的感官经验进行描述？为了实施这项极富创意的科研工作，他选择“红酒工艺”（les vins nature）作为研究对象。他指出，从开始酿造到最终供人品尝，红酒给人类带来复杂而丰富的感官体验，视觉、听觉、嗅觉、味觉和触觉五味俱全。每一种体验都对应一个感官，比如视觉对应眼睛，听觉对应耳朵，嗅觉对应鼻子等。这样一来，就形成了五个层次分明的感知场（champ perceptif）。另一方面，在历史发展的过程中，人类积累下与红酒有关的各类素材，比如品酒指南、红酒品鉴和酿造工序等，红酒从单纯的饮品转化为能揭示人类感官体验的意指系统，因而可以作为一个具有代表性的研究对象。

接下来，古维涅阿斯先生具体分析感官经验进入符号学研究领域的可操作路径：一是词汇—语义学层面。人类在酿造和品尝红酒过程中使用哪些词汇？这些词汇有何特点？能够反映出人类的哪一个感官体验？对这些问题进行考察，就可以窥见人类潜在的感官经历，进而对其进行句法结构的描述；二是从图标的感知方面进行研究，即人类与红酒相关的图标接触时的感官体验；三是从符号发生学（sémiogenèse）的角度来分析，这个阶段要把单纯的感知上升到意指结构的高度，并要对其进行句法的描述，从而建构出人类感知活动的话语系统。换言之，从符号学的角度研究人类的感官经验，也就是要利用符号学工具对人类感觉的话语外形（Configuration discursive）进行描述。

古维涅阿斯先生最后推荐了感官符号学方面的两本重要参考书：一是雅克·丰塔尼耶所著的《话语符号学》（*Sémiotique du discours*）；另一个是克洛德·齐贝尔伯格（Claude Zilberberd）和雅克·丰塔尼耶合著的《张力与意指》（*Tension et signification*）。

2.4 符号学与人机交互

迪迪埃·沙拉·埃法（Didier Tsala Effa）教授是利摩日大学符号学研究中心专职研究员，利摩日大学“语言科学、心理、认知和教育”（611 SLPCE）博士生院副院长、博士生导师。他的研究领域集中在符号学与机器人技术、人机交互、社会符号学及大众传媒话语等。此次大会，他发言的主题很前卫——“符号学与人机交互”，是符号学理论与人工智能相结合的大胆尝试。

人机交互（Homme/Machine-Interaction，简称 HMI）是工程学的概念，从字面上看，它主要关注人类与机器的互动。具体来说，是一门研究用户与系统之间交互关系的学科，与计算机技术、心理学、社会学、认知科学和交际学都有密切联系。这里的“系统”既可以指各式各样的机器，也可以是计算机化的程序或软件。符号学把这样的“系统”叫作“装置”（dispositif），也就是一组要素相互之间所构建起来的某种网络。很显然，从符号学的视角来看，“系统”是一种意指结构。

埃法教授在众多的“系统”之间选取了“人形机器人”（robot humanoïde）作为研究对象。“人形机器人”本质上是一种机械装置，只不过具有人类的外表罢了。“人形机器人”可以模仿人类的行为，从这个角度出发，就可以深化“装置”的含义，即“装置”是一种能力，可以引导、确定和塑造人类的行为、观念及话语。换句话来说，从符号学的角度出发，“人形机器人”就是一种“话语装置”。那么，人类究竟在什么条件下，又是凭借何种方式，才能与人形机器人建立起情感的联系？埃法教授引用格雷马斯和丰塔尼耶的观点来分析：“符号学关注装置问题，它赋予自身的任务是描述意指结构的原则，正是这些原则使情感方面的意义效果得以形成。”（*Sémiotique des passions. Des états de choses aux étatsd'âme*, Greimas et Fontanille, 1991）因此，特定情感可以看作是符号的序列，是由一系列先决的状态组合而成，这些状态互为前提，不可分割。埃法教授拿“固执（l'obstination）”这种情感举例。这种情感外在形象（figure passionnelle）是由三种模态状态（état modal）组合而成，他们是不可能（impossibilité）、意识到不可能（conscience de l'impossibilité）和仍然渴望实现（désir de réaliser）。因此，如果这三种模态状态构成符号序列，并且先后呈现的话，就和计算机编程中的算法概念相类似了。

埃法教授最后总结说，通过上述思路和步骤，就可以在人类和人形机器人之间一步步建立起深层次的智力、情感和社会的联系。同时，也能深刻理解，符号学在密切计算机科学和人类学、经济学、哲学、社会学和伦理学等社会人文科学相互联系的过程中正扮演着愈来愈重要的角色。

2.5 善意（bienveillance）究竟是什么？

巴黎笛卡尔大学的语言学教授瓦莱丽·布吕内蒂埃（Valérie Brunetière）的演讲题目是《善意（bienveillance）：它究竟是什么？符号—语言学对术语、概念和形象的批评研究暨对于“善意”对象的主体的和交互的阅读分析》。首先，教授提出一个问题，从符号学角度而言，“善意”的相反项就是“恶意”吗？恶意对应的是不信任，善意对应的是信任吗？例如，在网络上搜索出来的有关“善意”的图片都是白色的背景加上其他形象，有关“恶意”的图片是黑色的背景和阴暗的形象。大家都认可关于“善意”就是积极的形象，相反，“恶意”是消极的形象。于此，理性主义提出了更多的问题，当我们说出“恶意”这个词的时候，我们的耳朵就真的感受到恶意了吗？当我们说出“善意”的时候我们就能感觉到亲切友好吗？教授对这一观点提出质疑。比如某些人在交流中为了讨好对方，不会提到那些不愉快的未知部分，而是断章取义，只传达好的部分，这也是“善意”的一种。教授的演讲内容分为两个部分，首先是“情绪”的表现，现在在阅读中更多的用“热情”“生气”来表达情绪，而很少用“善意”这个词。善意是一种确定的态度，是日常中的哲学思想，是与生气、暴力的对抗，因此对抗暴力、生气就是人类的使命；其次，针对一些研究文本的内容展开探索性批判，用来定位

"善意"。维基百科对"善意"的解释涉及很多宗教观点，包括佛教、基督教乃至儒家对"善意"的解释。就像在20世纪兴起的瑜伽运动的进程发展中，也会涉及"善意"的概念，因为人们越来越注重个人的发展导致瑜伽及其他身体、心理健康行业的发展。从词汇学角度来看，"善意"的词源是拉丁语"benevolentia"，是仁慈（bénévolence）的近义词。根据德罗克福尔（B. de Roquefort）1829年编纂的法语语言词源学字典上的解释，"善意（bienveillance）"的词源是"bona vigilantia"，指的是保持警惕或善于观察。在法语中，涉及"善意"的同义词有39个，其反义词有20个；关于"恶意"的同义词有24个，反义词有8个。由此可见，"善意"的相关术语数量是"恶意"的两倍还多。总之，什么是善意？善意也许是一种怯懦，也许是一种个人的精神，也许是各种形式的不同立场。善意是教育学的论争点，是平衡之后的科学建议，会在意他人的想法，但并不是以完全的利他主义，想通过善意改变世界是不可行的。

2.6 旅行中的文化翻译和生活方式的冲突

意大利罗马大学的旅游符号学研究学者路易吉·维尔高林（Luigi Virgolin）的演讲主题是《旅行中的文化翻译和生活方式的冲突》。首先，他指出旅游话语中的三个要点：一、身份，即游客或居民的身份；二、翻译，指的是翻译的受众和不同的文化决定了游客的群体；三、冲突领域，即现代城市不同文化形象的交叉点。一方面，游客和本地居民的生活方式有很大不同，他们对外来文化的参与度和接受度也有所不同；另一方面，一个城市的文化是否对外开放，和地方政策导致的城市扩张也影响着旅游的发展。以罗马为例，在2018年接待了1500万名游客，这一现象彻底改变了罗马的城市景观。据统计，因游客过多而移居外省的罗马居民越来越多，这也意味着城市需要新的接待方式来规划罗马的旅游发展。其次，由于复杂的社会原因，罗马旅游存在许多问题，如游客在罗马的旅游时间停留不长，他们更偏爱参观历史古建筑，但对当地居民的生活不太了解；存在一些对罗马的刻板印象，只参观罗马的地标性建筑，甚至只是一天走马观花的拍照之后就匆匆赶往下一个城市，旅游过之后再来第二次的情况不多。基于此，路易吉·维尔高林教授针对罗马旅游的转型问题，提出"罗马未来旅游"策略计划，第一，对施动者（操纵者）和行为者（居民）进行模式重塑，缓和两者之间的关系；第二是旅游靶向的分散，针对不同的游客设计不同的旅游模式，也就是旅游的类型可以多种多样；第三，计划开发新景点，即除了市中心的热门景点，还有很多具有当地特色的郊区的绿色景观，如森林公园等。也可以通过开发新景点使游客在罗马的停留时间加长，同时促进罗马的旅游发展；第四，做好旅游文化的传媒工作，即翻译的重要性。罗马城市形象的表达依靠翻译来对外传输，注重文化翻译是罗马旅游发展的关键。例如很多中国游客刚来到罗马的时候会比较失望，因为这个城市太古老且人口众多，并没有想象中的狮子等奇珍异兽。他们对罗马的城市形象有些误差，所以一个城市的文化形象在旅游翻译中显得尤为重要。同时应该重视对话者之间的话语激情。当然，还存在一些风险，应该管理好城市的历史维度，如道路交通；对城市在社交媒体上的形象宣传应该做到精挑细选，宣传真正的罗马，而不是想象中的罗马，建立尽量全面的罗马旅游形象。最后，路易吉·维尔高林提出一个罗马旅游转型方案，就是把游客的身份转换成“临时的”当地居民，游客不是来罗马旅游的，而是成为真正在当地生活的城市居民。他们有权利游览城市景点，也有权力享受到当地与文化相关的活动，比如参加当地博物馆的活动等等。

2.7 共识与分歧的新标志：推特上的政治话语的影响

巴黎新索邦大学语言学专业博士生克莱尔·欧巴内尔（Claire Aubanelle）的演讲主题是“共识与分歧的新标志：推特上的政治话语的影响”。首先，她针对该主题提出三个问题：在网上有表达反对意见的机制吗？这些符号是被推特的使用者所重塑的吗？如果是的话，是怎样重塑的呢？紧接着，克莱尔·欧巴内尔根据她关于“分歧”的三个研究机制给出了问题的答案，那就是：让步、讽刺和论战（包括语言暴力等特殊情况）。她的课题研究涉及的领域包括话语分析、观察推特上的“共识与分歧”的对话分析。该研究是网络话语领域中广泛研究框架的一部分：研究其环境中的话语输出及其技术属性。这是一种对数字话语的多重符号学方式进行的研究：一种原生于互联网的技术语言产品，它的主要形式是多种产物的混合，也就是技术和语言的结合物。（Paveau，2017）原生的数字话语不是纯粹的语言学框架，而是一些技术加语言的混合产物。随后，她对共识与分歧的互动维度进行了阐释，指出共识与分歧就像言语行为一样，有很多特点：首先，这是一种反应行为，是在互相交流的情况下对初始行为的一种反应（至少有两个对话参与者），接下来会出现一种主张（或是指向性很强的问题），之后会出现消极（分歧）或积极（共识）的反应，这种反应能够以极其不同的形式体现。英国哲学家保罗·格莱斯（Paul Grice）创立的合作原则（1975）正是这种沟通交流的基础，并由特兰·杜克·戴（Trinh Duc Thai）通过图解表达出来（如下）：

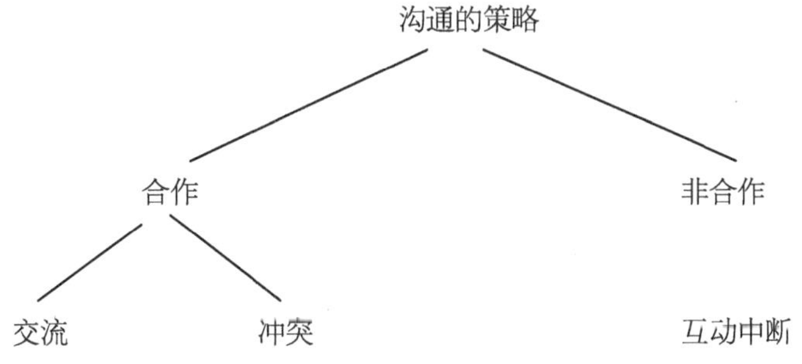

图1

在交流的状态下，十分有必要看一下合作原则的图解。在对话交流中，冲突和尊重合作原则并不矛盾，而是非合作让交流无法继续。交流可以在“和解”模式下进行，也就是说在双方平静的状态下一致同意，或者相反，“冲突”模式更具对抗性和侵略性，这可能会引起争议，言语攻击，侮辱，等等。

另外，克莱尔·欧巴内尔提到优选的交流结构。通常来说，共识是一种“优选序列”，寻求共识在某种意义上是通常的或规范的期望：预计谈判将朝着达成一致的方向发展。对话分析把“同意”看作一种“行为”，是完成下一部分十分“靠近”的配套行为。其实相对于“反对”而言，通常会涉及“优选”的序列。在一些特殊的政治背景下，例如政治讲话，“反对”才是所期望的序列。因为本质而言，表达反对意见正是政治辩论的一部分。在竞争激烈的选举期间，这种“偏好表达反对意见”的情形更加严重。

本次研究针对推特使用者所表达的不同类型的“分歧”进行总结，有以下三种情况：让步、讽刺和论战。首先介绍研究背景，统计数据来源于原生的数字话语：2017年法国总统选举，11 名总统候选人的推特账户，超过 1000 条推特，另有时事选取案例；其次，关于推特的介绍：这是一个 2009 年在法国推出的微型博客网站，限制每条推特 140 个字符，2017 年 9 月后改为 280 个字符，是大众免费网站，没有互利性，以病毒式传播为特点，潜在的推特观众难以预测，接收者的圈子复杂。

“推特”一词指的是什么？说到“推特”这个词，它包含多种含义：（1）用户的头像；（2）用户的名字；（3）用户的昵称；（4）推文（之前 140 个字符，现在 280 个字符的）；（5）符号表示的反应行为（回复，转发，点赞，反对）。一条推文由（在技术环境中记录的）线性语言形式，不可点击的符号（如表情，图片，视频），可点击的技术语言形式（链接）组成。

推文下面的反应有如下几种：（1）除了在数字环境中记录之外，不包含技术语言元素的语言内容；（2）非语言内容：符号，图像，动态图，视频，表情，链接；（3）技术内容：例如“点赞”可以通过心形图案“❤”来表达。推文由一种或多种上述元素组成，同意或反对的符号也体现在这些元素之中，所以元素都可以看作一种话语行为。在本次研究中，技术不仅仅是一种支持，而且是言论的结构组成部分。技术是形式创新的一部分，其中一些形式正趋于稳定，甚至已接近稳定。

接下来是对三种分歧的类型讨论：让步、讽刺和论战。首先，让步是两个行为中的复杂论辩单位，第一个行为表达的是同意，紧接着第二个行为由表示对立的连词引出用来表达反对，且第二个行为的分量要比第一个更重。以同意的形式表达一种反对，这就是让步的机制，即一种复杂的论证模式，它通过反向的论证输出来表达同意。语言学家凯尔布拉·奥雷奇奥尼（C. Kerbrat-Orecchioni）曾定义过让步机制，即在同意的表达下的一种扩展延伸，且完全颠覆了话语的整体论证方向。在推文中，让步机制表现为词语“但是”，许多推文的前一句在肯定一个观点，紧接着“但是”的下一句就是完全相反的观点。其次，讽刺的表达，反对意见有时不是直接以反对或反驳的形式来表达，而是以一些积极的词汇来陈述。讽刺的陈述维度是具有模糊性的，在某些情况下，反讽的表达是没有明确的标志的。在所说的和所指的表达之间有一定的差距，在陈述者和陈述话语之间也有差距。由于陈述者有或多或少的不协调和不一致的表述，所以话语的讽刺维度可以理解为：语言或语言外的标记（情境语境，韵律，对话者的非语言表达能力等）。因此，讽刺的表达形式在口语陈述、书面语陈述和数码设备上的表达是多种多样的。最后，论战，指的是对抗性的言论，它的首要特点就是标志着反对意见的话语。论战话语既不是对个体的人身攻击，也不是反对整篇论文：它只是针对某一或某些观点进行攻击和理论反驳。因人废言（ad hominem）在推特回复中并不少见，一些用户会针对发言者的言论攻击发言者本身，因此，在第三方观众眼中，取消对话者的评论资格相当于保护发言者的话语。

总之，克莱尔·欧巴内尔回答了开始的三个问题：在推特上有表达反对的机制，推特的使用者用技术重塑了符号并加入新的元素，包括语言元素和技术元素。两者可以相互独立运行，正如语言符号和语言外符号在交流中的情况一样。每个推特元素都可以用来表达分歧，而且都属言语行为。

3 结语和展望

为期四天的里昂会议展示了法国符号学研究之丰富、前卫，充分体现了“法国是世界符号学研究的滥觞之地”（王铭玉，2018），在向学术界及社会大众交流最新研究成果的同时，会议也指明了符号学研究进一步前进的方向。

在可预见的未来，符号学研究的跨学科趋势将会进一步得到加强。符号学原本就是社会人文学科跨学科方法论探讨的重要方向之一，此次大会让这种跨越更进了一步，从人文社会诸学科之间的互动延伸至人文社会科学与自然科学的对话，“跨学科”的广度和深度都大为提高。事实上，在这次大会召开之前，巴黎市符号学学会会长安娜·埃诺教授就多次提及格雷马斯符号学与数学之间的联系。在她看来，“符号学能够建立极具代数性质的句法模式，从而对信息语言进行比较合适的注解”（怀宇，2019）。这不但能提高研究的精确性，最终还将有利于符号学独立学科地位的建设。笔者的博士论文导师、巴黎索邦大学的符号学家阿斯特里德·纪约姆（Astrid Guillaume）女士也认为：“所谓理论，往往都是抽象的思维过程，可以将这样的过程模态化，并通过几何图形的方式展示出来”（Astrid Guillaume，2014）。由此可见，符号学正尝试在科学与人文之间建立起一座沟通的桥梁。

法国符号学界与其他国家和地区的交流和学习也会越来越频繁和深入。在这次里昂会议上，包括法国在内的拉丁地区的符号学研究已经渐成一体，与其他符号学研究大国，如与美国和俄罗斯的学术来往也有序开展。法国符号学界与中国亦有联系，雅克·

丰塔尼耶教授2012年曾赴华参加南京师范大学举办的第十一届世界符号学大会，与张智庭教授进行了交流，并赠送了自己的著作《身体与意义》(*Corps et sens*)(此书的汉语译本正由张智庭教授在翻译)。他还受聘于天津外国语大学语言符号应用传播研究中心担任顾问。2016年11月至2017年1月，张智庭教授远赴巴黎从事科研活动，与安娜·埃诺教授和德尼·贝特朗教授会面，就当今法国符号学研究方面的几个问题交换了意见，安娜·埃诺教授主编和执笔的《符号学问题》(*Questions de sémiotique*)一书的汉语译本（怀宇译）于前不久由中国人民大学出版社出版。此外，近年来，不少有志于从事符号学研究的中国青年学子赴法攻读符号学学位，师从法国符号学界的知名学者，这对于加强中法两国在符号学方面的交流，会起到一定的积极效果。

参考文献

[1] Hénault, A. *Les enjeux de la sémiotique* [M]. Paris: Presses Universitaires de France, 2012.

[2] Groupe d'Entrevernes. *Analyse sémiotique des textes* [M]. Lyon: Presses Universitaires de Lyon, 1979.

[3] Guillaume, A. L'interthéoricité: sémiotique de la transférogenèse. Plasticité, élasticité, hybridité des théories [J]. *Revue PLASTIR*, *Plasticités*, *Sciences et Arts*, 2014 (12): 36.

[4] 怀宇:《法国符号学研究论集》，北京：北京大学出版社，2019。

[5] 王铭玉:《中外符号学的发展历程》，《天津外国语大学学报》2018年第6期。

作者简介

王天骄，巴黎索邦大学符号学在读博士研究生。李梦一，巴黎索邦大学符号学在读博士研究生。

书刊评介

法国符号学：总结与应用
——读张智庭教授（怀宇）新作《法国符号学研究论集》

李 双

摘 要：《法国符号学研究论集》是一部介绍法国符号学历史和发展的总结性著作，是张智庭教授三十多年符号学研究的结晶。论集的优点主要体现在四个方面：不仅是一部介绍普通符号学的导论，也是了解法国符号学脉络的参考资料；既是罗兰·巴特研究的必读书目，同时也是符号学分析实践的典范性展示。论集不仅为国内符号学研究做了重要补充，同时也提供一个角度，以域外眼光指导我国本土符号学的发展。

关键词：《法国符号学研究论集》 巴特 格雷马斯 普通符号学 分析实践

1 引语

法国符号学肇始于20世纪50年代，对20世纪以来的人文学科产生了深远影响。南开大学张智庭教授（怀宇）的新著《法国符号学研究论集》（北京大学出版社，2019年1月）作为"中国当代符号学名家学术文库系列丛书"（第一辑）中的一卷，即是国内符号学界关于这方面的前沿研究与思考，它的出版对于推动国内符号学研究和发展具有重要意义。如本丛书主编王铭玉教授（中国逻辑学会符号学专业委员会主任委员、中国语言与符号学研究会会长）所言，张智庭教授的研究"既涉及语言学又涵盖普通符号学，既梳理法国符号学学派又分析其代表人物，既注重理论厘定又倾心实践探索"。整体上看，包括本论集在内的该丛书具有两个突出特征：一方面对东西方符号学理论进行深入的总结，尤其专家们都是战斗在教学一线的学者，也是介绍西方理论的先驱或译者，拥有夯实的理论基础和丰富的教学与翻译实践经验；另一方面，借助名家的著述总结已有成果，为接下来的专业发展指明方向，尤其是如何在中国传统符号学语境下进一步推动符号学发展和创新。在内容上，本论集具有总结性、翔实性和实用性的特点，具体表现在：首先，它是了解普通符号学理论的基础读物，尤其是了解作为西方（后）结构主义和形式论重要组成部分的法国符号学不可或缺的参考资料。其次法国符号学经历了早期的语言学的孕育和叙事结构的探索，以及后期有关主体性、话语分析和陈述过程的研究，现已转向情感和认知以及跨学科综合研究。本书对这一历史进程的前后期进行了较细致的勾勒，因而是了解法国符号学理论发展和认识论深化的必读书目之一。再次，张智庭教授是国内罗兰·巴特作品译介的重要学者，书中《解读罗兰·巴特》是编译者多年来翻译经验和理论反思的结晶，十篇文章不论对于想了解罗兰·巴特理论脉络的青年才俊还是从事罗兰·巴特理论研究的学者都大有裨益。最后，在符号学理论中浸润多年，并从事法国符号学理论的译介和研究基础之上，作者选取了几篇代表性的文学作品和两个符号事例进行分析实践，不仅是对西方理论的大胆应用，也有利于我们进一步理解复杂的符号学元语言系统和抽象概念。

2 一部探索普通符号学的导论

论集作者常年在教学和科研一线，同时也是很多法国文艺理论著作的译者①，三十几年一直孜孜不倦地从事着符号学的研究工作。目前，符号学的学科建设正如火如荼，相关的研究已经相当丰富。符号学的理论基础主要是来自欧陆索绪尔的结构语言学和北美皮尔斯的逻辑哲学。两人被认为是现代符号学的奠基人，并建立了各自的理论流派。本论集所介绍和讨论的正是继承和发展索绪尔语言符号研究的法国符号学。众所周知，法国是欧洲最为重要的文艺理论和社会科学研究的堡垒之一，古往今来产生了一大批理论大师和文艺批评家。在本论集中作者所提及的都是20世纪具有划时代意义的大师：列维·斯特劳斯，巴特，格雷马斯，等等。从这一方面看，本论集在广度上探讨了法国符号学和结构主义的多个层次而不仅是狭义的符号学领域。

索绪尔的巨著《普通语言学教程》是20世纪初人文科学领域的基石之作，同时引领了之后科学研究的时尚。他提出的一系列术语不仅在语言学中广泛应用，也延及其他学科，包括精神分析、文学，人类学，神话学等。正如本论集所指出的，符号学的理论渊源正是西方语言学理论。除了索绪尔，我们还要提及的是叶姆斯列夫的语符学理论、本维尼斯特的陈述活动理论。此外，虽然本论集主要讨论的是以法国符号学家为代表的学者，但也不否认欧美其他各国的语言学者对符号学的贡献。美籍学者雅克布森、乔姆斯基，法国句法学家马蒂内等，同样对符号学的发展影响巨大。(怀宇，2019：18)

符号学并非一个封闭的系统，其目标也不止于建立自给自足的学科，而是以语言学为依归建立一门类似于索绪尔所构想的“有一门研究社会生活中符号生命的科学”(索绪尔，1982：38)。其目标和理想是宏大的，而格雷马斯同样将自己的符号学理论当作一项“科学的计划”(Greimas，1979)，并且是“长期的科学计划”，向“多个方向发散的开放计划”(Fontanille，2017)。关于学科的建立，本论集辩证地分析了两个名称：sémiologie，sémiotique。前者，张智庭教授译为“结构论符号学”；后者为欧美两派学者所接受，汉语统一翻译为“符号学”。译名的选择体现了作者对于二者的立场和区分。

如果说索绪尔的奠基之作为符号学的发展提供了认识论基础，同时为一门涉及全部意旨活动的普通符号学提供想象的温床，但是并未勾勒出完整的符号理论体系。直到格雷马斯，一个系统性的符号学理论和方法论才被确立，从真正意义上把普通符号学的幻

---

① 张智庭译介的作品请参考《法国符号学研究论集》第437—439页。

想变成了事实。而符号学从无到有的过程中，另一位指标性人物是哥本哈根学派的代表人物叶姆斯列夫。其语符学理论被认为是真正的可供操作的层级系统。其理论的贡献在于：第一，继承索绪尔能指/所指二分的基础上，区分表达/内容两个平面的形式与实质；第二，提出系统与过程的二分；第三，给出一系列互相依赖并相互定义的概念，为进行语言和符号学分析提供一套元语言系统。

普通符号学的第三位理论大师是巴黎符号学派的领袖人物格雷马斯。这位立陶宛裔的法国符号学家将符号学研究推到了新的阶段。在其主持巴黎高等社会科学院研讨会期间，一方面建立了以符号叙事理论为重点的普通符号学模型；另一方面培育了一大批至今活跃在世界尤其是欧洲和南美的符号学家。虽然他们的研究领域不尽相同，但都是以普通语言学和符号学作为共同的认识论背景。格雷马斯之所以成为 20 世纪下半叶普通符号学的领军人物，得益于其理论构思最为完备，涉及的领域也最宽广。他 1966 年出版的《结构语义学》是巴黎符号学派的奠基之作，也是其后来思想发展的雏形。

普通符号学经过以上的传承，到 20 世纪 60 年代经历了重要的升华。国际符号学会的建立象征着学科的地位大幅提高。此时，法国已成为符号学理论的中心，欧洲其他地区的符号学也在蓬勃发展。以洛特曼为代表的文化符号学塔图学派，以巴赫金为代表的俄国结构主义学派，同样具有重要的理论指标意义。不过这些并不在本论集所讨论的范围之内。

简言之，普通符号学与结构语言学的发展息息相关，我们从张书的章节分布也可以看出。以普通符号学为主要研究对象的学者最后集合于巴黎符号学派中，后者发扬光大了前者。其专业性、系统性和开创性非其他理论流派所能及。以上是普通符号学的理论背景和基础，接下来我们还要借助本论集进一步厘清法国符号学派的历史发展脉络。

3 了解法国符号学多元性的捷径

一种理论或一个流派的发展是多面向、相互联系的整体，尤其是 20 世纪中叶法国人文科学处于百家争鸣的快速发展状态①，纷繁复杂的学科体系和相互关系让人难以把握。本论集的第二个优点是不仅在结构上勾勒法国符号学的多元脉络，并且突出介绍不同时期和相关领域具体的研究重点。清晰的章节安排为我们快速了解法国符号学发展提供了便利，因而是一部高度浓缩的法国符号学简介，是普通学习者从宏观上了解符号学的重要参考资料。

在“论集”第二编法国符号学概论部分，作者将法国符号学的发展概括为结构论符号学和巴黎符号学两个部分。这样的分法符合法国符号学自身发展的特点，并如前文所介绍的，是对于术语 sémiologie 和 sémiotique 的区分。我们知道，20 世纪中叶法国社

① 参考《法国符号学研究论集》第二编第一、二两章，作者详细介绍了各时期各领域的不同代表人物，以此我们就可以了解法国相关理论发展的活跃性和交叉性。

会科学方兴未艾，产生了大量杰出的人文学科巨擘。其中一部分以结构主义自居，并没有以符号学命名。其中就包括人类学家列维·斯特劳斯，语言学家本维尼斯特，神话学家迪梅齐，现象学代表人物梅洛·庞蒂，语符学家克莉丝蒂娃，叙事学集大成者热奈特，等等，可以说是百花齐放，每个人都是著述等身。第二部分以巴黎符号学派为代表的一批学者，其中代表人物当然是我们多次提及的格雷马斯，以他的理论基础创新发展的研究学者至今仍然是法国符号学研究的主流力量。如果我们再把第一编中的结构语言学和普通符号学中的理论部分拿出来，作为法国符号学理论准备的孕育时期，那么整个脉络基本上就出来了。以下我们结合“论集”和当今学科发展稍微梳理巴黎符号学派的历史，简单归纳为三个阶段：

理论准备期与早期叙事研究——如前文所说，符号学的发展是建立在结构主义语言学的基础之上的。不论是索绪尔的普通语言学理论还是叶姆斯列夫的语符学理论，都为后来的法国符号学的诞生提供了不可或缺的条件，是后来能够不断前进的基石。结构主义大家们的思想也是符号学汲取营养的来源。然而基础虽然夯实，但还缺少能够为格雷马斯构想的符号学点火的催化剂。这个时候，普洛普的俄国《民间故事形态学》给了法国符号学极大启发。在普洛普的 31 个功能之上，格雷马斯抽象化了更少的功能并提出以文本主体为中心的行动者模式，并将叙事过程看成是以叙事程式为核心的状态和行为的交替。叙事成为法国符号学早期重要的研究对象，也是符号学着墨最多、研究最为深入的部分。

多元高速发展期——20 世纪七八十年代是法国符号学发展的黄金期，一大批学者聚集在巴黎，为学科的飞跃提供了重要智力支持。这一时期的主要研究对象虽仍是叙事符号学，但研究更加深入和具体。符号学的里程碑事件是 1979 年《符号学：言语活动理论的系统思考词典》① 的编撰。符号学的学科此时也更加细化。在符号学的大框架之下，我们看到空间符号学、视觉符号学、广告符号学、文学符号学、圣经符号学等专业性的子系统应运而生。巴黎符号学派的普通符号学理论显示出极大的适用性，不为研究的客体表达或能指表现所拘泥。到 80 年代后期，符号学从早期的非延续性、区别性较强的文本客体研究转向主体研究。同时，借助模态的叙事形态变化研究，开始探索感知、情感或激情方面的课题等。从先驱者角度来看，主体研究源自本维尼斯特的陈述行为理论，激情或情感符号学研究以梅洛·庞蒂现象学为理论依托等。自格雷马斯去世以后，法国符号学经历了一段较为沉寂的时期，但相关的讨论却没有停止。②

理论回归与活跃期——进入 21 世纪以来，随着认知科学的进步，相关的研究也逐渐兴起，符号学的跨学科研究有了突出的进步。此外，认识论上也出现一股对理论基础再回归的热情。其突出表现是对索绪尔和叶姆斯列夫的理论进行进一步的梳理。尤其是

---

① 中文版已由张智庭教授翻译，百花文艺出版社 2018 年出版发行。

② 《法国符号学研究论集》（第 423 页）根据研究领域的变化而倾向将激情研究单独作为一个发展阶段。

在新的手稿和理论著述被发现之后，对原有理论进行新的阐释就成为必需。《法国符号学研究论集》在符号学新的进展方面并没有着墨，仅在部分段落有所提及。

4 罗兰·巴特研究的权威著作

通过细致的翻译实践，译者对作品的理解不论广度还是深度都与普通读者不同。译者需要对原作作者的语言仔细推敲，并在逻辑上进行进一步整理以便目的语读者能够更好地理解。同时，为了准确地翻译作品的背景风格和概念，译者不得不参阅大量资料，并咨询相关领域的专家，和其他学者进行交流。张智庭教授曾说自己研究法国符号学也是从翻译罗兰·巴特开始①，并一直没有间断，目前仍在进行巴特作品的译介工作。巴特作品的翻译不仅为作者提供了第一手的材料，也保证了译者研究巴特的权威性。

国内对罗兰·巴特研究的热潮早于同时代的格雷马斯，其原因可能是因为巴特的作品较早被介绍到中国②；同时巴特研究的对象比较宽广，他对中国不仅感兴趣甚至曾经作为《原样》（*Tel Quel*）杂志成员来到中国访问。《法国符号学研究论集》中有整一编专门探讨巴特的作品。罗兰·巴特著作等身，《法国符号学研究论集》作者共翻译了其九部作品，分别是：《罗兰·巴特随笔选》《罗兰·巴特自述》《显义与晦义》《文艺批评文集》《如何共同生活》《哀痛日记》《中国行日记》《作家索莱尔斯》《偶遇琐记》。此外，张智庭还翻译了法国专门研究巴特的两部著作《罗兰·巴特传》和《罗兰·巴尔特最后的日子》。③ 在翻译实践的基础之上，译者试图从多维度看待罗兰·巴特作为符号学家和感情个体的不同身份。

《法国符号学研究论集》关于巴特的研究共选取了10篇文章，可以分为两部分：一部分是作者对巴特作品的翻译及其思想的反思，是翻译实践之后对作品的直接体会和批评；一部分是通过对巴特作品的抽样分析，对巴特个人的“情感”进行符号学分析。论集中选取的《巴特文艺符号学观》《巴特互文性理论及实践》《巴特的“中性”思想与中国》《罗兰·巴特谈音乐符号学》都属于第一类。《对于巴特“哀痛”的浅析》《主体、主体情感性与巴特的激情》《我看巴特的生命之末》《瞻仰巴特的墓》是译者作为符号学研究者对巴特作为个体的分析。巴特的主体情感，他对母亲的依赖以及晚年的生活都成了分析的对象。其角度新颖，论证翔实，是重要的符号学分析实践。

5 符号学在中国文学上的杰出实践

符号学在法国已经是人文学科研究的重要认识论和方法学。它发自普通语言学，但

① 参见《法国符号学研究论集》作者接受陕西师范大学佟颖的访问（415—436页）。
② 巴特的作品在90年代开始陆续译介成中文（分别在台湾与大陆出版），格雷马斯的作品首部译本直到21世纪初才问世（2001年蒋梓骅译《结构语义学》）。此外，赵毅衡教授（2012）指出，目前罗兰·巴特的作品已经全部译成中文，部分格雷马斯的作品还在翻译中。
③ 怀宇（张智庭）所译巴特作品具体时间和出版社信息请见《法国符号学研究论集》附录。

又超越一般语言学将研究的课题止于句子和语法的局限，而对更大的文本或话语进行多层次多角度的研究。目前法国符号学还在跨学科的研究上进行着丰富大胆的实验。如果进一步观察符号学实践的领域，诚如我们了解的，法国符号学理论研究的对象都是西方社会的语言或非语言现象，或者是西方文化背景下的各种形式的意旨活动，我们能否将这些理论用在汉语文本或中国文化背景下的符号活动之上呢？

《法国符号学研究论集》第四编给了我们肯定的答复。作者将法国符号学中的概念和元语言系统在中国文学中进行了大胆的尝试，收到了意想不到的效果。在中国语言文学中的实验表明，一方面，法国符号学流派以建立普通符号学为构想的理论目标可以在不同的语言系统中进行验证，其理论适用性得到了充分肯定；另一方面，抽象的符号学概念和专业术语通过在中国文学中的演绎，也便于我们进一步加深对其定义和特征的理解，对接下来的研究有很好的推动作用，使我们不至于囫囵吞枣地照搬西方理论。以下仅举两例粗略展示作者的分析方法。

在对《赵氏孤儿》和《中国孤儿》的对比分析中，作者试用了多种人物分析的模式来展示两个文本的异与同。如人物的三分法不仅让我们对于两部作品的人物分配有一个较为清晰的了解，另一面通过这种划分我们也更加清晰地区别什么是指称性人物、标示性人物、照应性人物。人物的行为者模式以主体和客体之间的合取/析取关系来区分两部作品中的道德属性问题，同时也展示了两剧作者如何通过文中主体身份的变换推动叙事进程。第三个人物分析模型是模态结构。它是在行为者模式结构之上讨论行为者之间在叙事过程中处于何种模态关系。什么是模态，如何在“作为”和“存在”两个基础模态之上添加三个附加模态（分别是“想要”“能够”“懂得”），这样的问题在张文中都有了解答。了解完模态结构之后，人物之间的关系则更加清晰。作者仅从“懂得”模态出发构建了两个剧本的符号学语义矩阵，文本的深层架构因而跃然于纸上。最后作者也不忘提及两部剧作品人物指称上的丰富性及其背后的语义动机。总而言之，从张的分析中，我们一方面可以看到人物模型的一般适用性及其帮助读者深入了解文本的作用；另一方面，通过这样的实践，我们对于如何区分文本中的不同人物单位及采用何种模型有所掌握。只有如此，西方的理论才不会流于专业术语的简单堆积，我们在学习西方文艺理论的过程中也不会停留在知其然而不知其所以然的境地。

另一篇极具代表性的分析文章是作者对莫言闪小说《狼》的解读。通过对这篇文章层层的剖解，一篇几百字的小文衍生出万余字的阅读反馈，我们不得不惊喜于作为符号学家的读者面对“内涵”丰富的故事所能迸发的火花效应。如同格雷马斯用符号学分析莫泊桑的短篇小说《两个朋友》一样，也用了两百多页洋洋洒洒的文本解读，带给一般读者难以获得的阅读体验。《狼》是莫言 2012 年获得诺贝尔文学奖之后，在斯德哥尔摩大学演讲时给听众讲述的小故事。汉语虽仅四百余字，张却从符号学角度在句法（变指结构，叙事程式，频率），语义（形象层，主题层，价值层）、人物关系及模态（行动者模式，主体与反主体）等多个层次进行了分析。限于篇幅，我们不一一赘述。

《法国符号学研究论集》作者在实践部分的六篇文章都是有的放矢，是对不同文本或符号现象的反思，对于普通符号学学习者进行实践分析具有良好的模范意义。符号学在中国文学上的实践表明，法国符号学理论对汉语文化语境之下的文本是有指导意义的，它是了解文学的表层结构和深层内涵的重要手段和方法论。中国语言文学的试验场也开阔了我们的思路，加深对西方文论的理解，从而助益于我们本国的理论建设。

6 结语：符号学的展望

以上我们对张智庭的新著《法国符号学研究论集》的特点和内容进行了介绍，并对不同需求的读者概述了论集四个方面的意义。法国符号学以建立一门普通符号学为学科发展方向，以结构主义和普通语言学作为学科的理论基础，其发展历程经历理论孕育期，快速发展期，并在新世纪认知理论的发展和新的认识论文献发现的基础上回归理论本体。法国符号学代表人物主要有结构论符号学家罗兰·巴特和巴黎符号学派的领军人物格雷马斯，《法国符号学研究论集》中对两位都有大篇幅的介绍。此外，《法国符号学研究文集》能够理论结合实际，提供具体的分析实践，为厘清一些符号学的重要概念助益良多。符号学不同层次的构架也因此更加明晰。总而言之，对于法国符号学的学习和研究，张书具有总结性、翔实性和实用性的特点。

然而，正如我们在第三节所讨论的，张书对当下法国符号学的最新进展着墨不多，在符号学研究领域的介绍方面主要集中在文学符号学上，对于其他方面的研究只是点到为止，没有深入剖析。此外，法国符号学思想理论的丰富性还没有完全展示，主要还是介绍性为主，没有发掘其理论对现代生活的指导意义和认知信息技术的发展互动。这些都是接下来符号学研究者们尤其是对法国符号学感兴趣的同仁们可以多关注的热点。

最后，诚如《法国符号学研究论集》作者在前言中所表达的：“希望这部书能向我国符号学研究者和广大读者提供法国符号学研究的基本情况，也更希望我国符号学研究者在借鉴国外符号学研究成果基础上，努力开展对于我国传统符号学思想的深入挖掘，并逐步建立起我们自己的符号学研究理论体系。”未来的发展会如何呢？王铭玉教授（2003）在总结 20 世纪我国符号学研究时预言，21 世纪将会是“符号学大有作为的世纪”，并总结四大发展趋势，我们归纳如下：研究的跨学科性，与其他学科发展相互促进影响，国内符号学融入国际大家庭，以及中国文化领域的符号学研究。因此，《法国符号学研究论集》的出版是一个契机，为符号学研究者们提供一个“他者”的眼光，并在法国符号学的关怀之下，利用中华文化的文化语境和话语特点，构建属于我们本土的符号学思想，从而为整个世界科学理论的发展贡献中国的符号学力量。

参考文献

[1] Fontanille, J. La sémiotique de Greimas: un projet scientifique de long terme [J]. *Semiotica*, 2017 (214): 91 – 110.

[2] Greimas, A. J. et J. Courtés. *Sémiotique. Dictionnaire raisonné de la théorie du langage* [M]. Paris: Hachette, 1979.

[3] Greimas, A. J. *Maupassant : la sémiotique du texte* [M]. Paris: Seuil, 1976.

[4]〔法〕安娜·埃诺:《符号学简史》，怀宇译，天津：百花文艺出版社，2005。

[5]〔法〕埃米尔·本维尼斯特:《普通语言学问题》，王东亮等译，北京：生活·读书·新知三联书店，2008。

[6]〔法〕A. J. 格雷马斯:《结构语义学》，蒋梓骅译，天津：百花文艺出版社，2001。

[7]〔瑞士〕费尔迪南·德·索绪尔:《普通语言学教程》，高名凯译. 北京：商务印书馆，1982。

[8] 王铭玉:《中国符号学研究20年》,《外国语》2003年第1期。

[9] 怀宇:《论法国符号学》，天津：南开大学出版社，2016。

[10] 怀宇:《法国符号学研究论集》，北京：北京大学出版社，2019。

[11] 赵毅衡:《中国符号学六十年》,《四川大学学报》(哲学社会科学版) 2012年第1期。

French Semiotics: Summary and Application

——Reading Professor Zhang Zhiting (Huai Yu)'s New Work *The Collection of French Semiotics*

Li Shuang

(Tianjin Foreign Studies University)

Abstract: *The Collection of French Semiotics* is a summative book on the history and development of French semiotics. It is the crystallization of Professor Zhang Zhiting's 30 years of semiotics research. The advantages of the collection are mainly reflected in four aspects: it is not only an introduction to general semiotics, but also a reference for understanding the context of French semiotic evolution. It is both a must-read book for the research of Roland Barthes and a exemplary display of semiotic analysis. The collection provides an important supplement to the study of semiotics in China, and an angle to guide the development of Chinese local semiotics.

Keywords： *The Collection of French Semiotics*；Roland Barthes；Algirdas Julien Greimas；General Semiotics；Analysis

作者简介

李双，天津外国语大学法语系讲师，巴黎索邦大学（巴黎四大）语言学—符号学在读博士。

《语言与符号》征稿启事

《语言与符号》为天津市普通高校人文社会科学重点研究基地天津外国语大学语言符号应用传播研究中心编辑出版的中文学术辑刊、中国语言与符号学研究会会刊。著名学者、北京大学资深教授胡壮麟先生任编委会主任，中国语言与符号学会会长王铭玉教授任主编，高等教育出版社出版。主要刊登符号学和语言学方面的学术文章，设有思想快递、理论研究、学术专栏、论文选登、译文选登、书刊评介、人物访谈、学术动态等栏目，旨在为我国学者提供学术交流平台，推动语言与符号学研究在我国的发展。

投稿请发至 yuyanfuhao@163.com，审稿周期为4个月，4个月未回复采用可另投他处。稿件刊出后将赠送两本样刊。

欢迎赐稿!

稿件体例：

Peeter Torop 的文化符号学翻译观

XXX

（XXXX 大学）

摘　要：（宋体小五）

关键词：（宋体小五）

英文题目（Times New Roman 四号）

英文作者姓名、单位（Times New Roman 五号）

英文摘要（Times New Roman 小五）

英文关键词（Times New Roman 小五）

1. 前言（宋体小四加粗）

2. 文化符号学

2.1　塔尔图—莫斯科符号学派（宋体五号加粗）

2.1.1　塔尔图—莫斯科符号学派的理论基础（宋体五号加粗）

2.1.1.1　俄罗斯的传统人文思想（宋体五号）

正文（中文为宋体五号，外文和数字为 Times New Roman 五号）

引文夹注格式：（刘润清，2002：403）、（Richards，1986：8）

脚注每页重新编号，序号为带圈的阿拉伯数字，不使用尾注。

参考文献

[1] Allott, R. *Language and the Origin of Semiosis* [A]. *Origins of Semiosis: Sign Evolution in Nature and Culture* [C]. Berlin: Mouton de Gruyter, 1994: 255 – 268.

[2] Barnstone, W. *Translation Theory with a Semiotic Slant* [J]. *Semiotica*, 1994, (1/2): 89 – 100.

[3] Gorlée, D. L. *Semiotics and the Problem of Translation* [M]. Alblasserdam: Offetdrukkerij Kanters B. V., 1993.

[4] 陈宏薇：《社会符号学翻译法研究》，《青岛海洋大学学报》1996年第3期。

[5]〔英〕特伦斯·霍克斯：《结构主义和符号学》，瞿铁鹏译，上海：上海译文出版社，1997。

作者信息：姓名、性别、身份证号、单位、职称、学位、主要研究方向、邮箱地址

基金项目：项目名称、项目号

中心网址：http://yyfh.tjfsu.edu.cn/

电子信箱：yuyanfuhao@163.com

办公电话：(022) 23230917

通信地址：(300050) 天津市和平区睦南道28号天津外国语大学语言符号应用传播研究中心